羽ばたく ロシア語

音声
アプリ

旅歩きで初級からステップアップ!

土岐康子、三神エレーナ 著

白水社

音声アプリのご利用方法

1. パソコン・スマートフォンで音声ダウンロード用のサイトにアクセスします。
   QR コード読み取りアプリを起動し、QR コードを読み取ってください。
   QR コードが読み取れない方はブラウザから以下の URL にアクセスしてください。

 https://audiobook.jp/exchange/hakusuisha

   ※ これ以外の URL からアクセスされますと、無料のダウンロードサービスをご利用いただけませんのでご注意ください。
   ※ URL は「www」等の文字を含めず、正確にご入力ください。

2. 表示されたページから、audiobook.jp への会員登録ページに進みます。
   ※ 音声のダウンロードには、audiobook.jp への会員登録（無料）が必要です。
   ※ 既にアカウントをお持ちの方はログインしてください。

3. 会員登録の完了後、1. のサイトに再度アクセスし、シリアルコードの入力欄に「**88975**」を入力して「送信」をクリックします。

4. 「ライブラリに追加」のボタンをクリックします。

5. スマートフォンの場合は、アプリ「audiobook.jp」をインストールしてご利用ください。パソコンの場合は、「ライブラリ」から音声ファイルをダウンロードしてご利用ください。

ご注意

- 音声はパソコンでも、iPhone や Android のスマートフォンでも再生できます。
- 音声は何度でもダウンロード・再生いただくことができます。
- 書籍に表示されている URL 以外からアクセスされますと、音声ダウンロードサービスをご利用いただけません。URL の入力間違いにご注意ください。
- 音声ダウンロードについてのお問い合わせ先：info@febe.jp
  （受付時間：平日の 10 〜 20 時）

装丁・デザイン　森デザイン室
音声吹込　三神エレーナ、ヴラジミル・パルティン
カバー／本文イラスト　ヴラジミル・パルティン

はじめに

　旅に出てみませんか。ロシア語への旅に。ポケットに言葉を詰め込んで、異国の街を歩くと新しい世界が広がります。

　ロシア語とロシアのお茶文化やスイーツを紹介したくて『ティータイムのロシア語』を世に出しました。『ティータイムのロシア語』では、ロシア語入門者を対象にアルファベットや発音の規則、動詞を使わず名詞の格変化だけで会話ができるなど、難しいと巷で言われているロシア語だけど、そんなことはないよ、というメッセージを込めました。

　その後すぐに、ロシアやロシア語に興味を持ったみなさんに、もっとロシア語を紹介したい、もっとみなさんに羽ばたいてほしいという思いが強くなり、生まれたのが本書です。本書は琴という女の子が、モスクワ、サンクト・ペテルブルグを旅する過程で使用する表現を中心として、中級文法までを扱っています。

　本書を読んで自分が琴になったつもりで、ロシアを旅して、街を歩いてみましょう。旅先ではいろいろな場面に遭遇しますね。異国のメトロやバス、長距離列車など交通機関を使うときはドキドキするものです。土産物を買う場合には店員と値段の交渉ができる市場もあります。芸術大国のロシアでは劇場に足を運ぶのもいいですね。これらの場面で紹介されている表現は実際にロシアを訪れた際に出会うものです。本書をポケットに入れてロシアへ行ってみませんか。もし行けなくても、本書で旅の疑似体験を楽しんでください。実際の旅同様、ロシア語への旅がみなさんの人生を豊かにしてくれることを筆者は願ってやみません。楽しく幸せな旅歩きになりますように。

著者一同

本書の使い方

本書は以下の部分からなっています。

１．ウォーミングアップ編

本書は、初めてロシア語を目にする方々を対象とした前著『ティータイムのロシア語』の続編ではありますが、本書からでもロシア語を学べるように文字と発音、出会いのあいさつ、名詞を修飾するもの（所有代名詞や形容詞）、格変化、動詞関連を簡潔にまとめました。

２．街歩き編

街歩きで使用頻度の高い移動の動詞を中心に、買い物やメトロや長距離列車に乗る場面などに必要な文法事項を扱っています。また、数字を用いた表現、関係代名詞、仮定法など一通りの文法事項は網羅しました。さらに、旅行先で出会うかもしれない困った時に必要な表現もあげてあります。

３．表現・会話編

ここでは、旅や街歩きで覚えておくと便利な表現と、シーンごとのシチュエーション会話で実際に想定される場面をあげてあります。

本編で扱いきれませんでしたが、知っておいてほしいことはティーブレークを設け、理解を確認するための練習問題も文法事項ごとに設けました。各課ごとに会話を聴き、発音練習をし、文法事項の説明を読んでみましょう。ちょっと一息つこうかな、と思ったら「寄り道コラム」をどうぞ。みなさんに紹介したいロシアの魅力を詰め込みました。

少し欲張った感のある本書ですが、語学に終わりはありません。外国語を学ぶ場合、自分の母語で文法を理解し、発音やイントネーションなどはネイティヴの音声を聞いて何度も発音練習を繰り返すことが上達への道だと考えます。

第７課までのロシア語の会話にはカタカナ、ひらがなで読み方を添えてありますが、これはあくまでもご参考までに。実際の発音は日本語の文字では表せないものがありますから。

目次

ウォーミングアップ編

街歩き編

表現・会話編

巻末付録

アルファベット

活字体	手書き風活字体	筆記体	名称	発音
А а	А а	𝒜 а	アー	[a]
Б б	Б б	Б б	ベー	[b]
В в	В в	ℬ в	ヴェー	[v]
Г г	Г г	𝒢 г	ゲー	[g]
Д д	Д д	𝒟 д	デー	[d]
Е е	Е е	ℰ е	ィエー	[je][ye]
Ё ё	Ё ё	ℰ̈ ё	ィヨー	[jo][yo]
Ж ж	Ж ж	Ж ж	ジェー	[zh]
З з	З з	ℨ з	ゼー	[z]
И и	И и	𝒰 и	イー	[i]
Й й	Й й	𝒰̈ й	イ・クラートカエ	[i]
К к	К к	𝒦 к	カー	[k]
Л л	Л л	ℒ л	エル	[l]
М м	М м	ℳ м	エム	[m]
Н н	Н н	ℋ н	エヌ	[n]
О о	О о	𝒪 о	オー	[o]
П п	П п	𝒫 п	ペー	[p]

8

Р р	Р р	Р̃ р̃	エる	[r]
С с	С с	С с	エス	[s]
Т т	Т m	Т̃ m̃	テー	[t]
У у	У у	У у	ウー	[u]
Ф ф	Ф ф	Ф̃ ф̃	エフ	[f]
Х х	Х х	Х х	ハー	[kh]
Ц ц	Ц ц	Ц̃ ц̃	ツェー	[ts]
Ч ч	Ч ч	Ч̃ ч̃	ちぇー	[ch]
Ш ш	Ш ш	Ш ш	シアー	[sh]
Щ щ	Щ щ	Щ̃ щ̃	シャー	[sh']
Ъ ъ	Ъ ъ	ъ̃	トヴョールドゥイ・ズナーク（分離記号）	['']
Ы ы	Ы ы	ы̃	ウイ	[y]
Ь ь	Ь ь	ь	ミャーヒキイ・ズナーク（軟音記号）	[']
Э э	Э э	Ӭ ӭ	エー	[e]
Ю ю	Ю ю	Ю̃ ю	ィユー	[ju:][yu]
Я я	Я я	Я̃ я	ィヤー	[ja][ya]

　本書は印刷体で書かれていますが、その他にも、表のようにさまざまな書体があります。

　名称は文字の名前です。すべての文字が名称のまま発音されるわけではありませんので注意しましょう。

第 1 課　**発　音**

・・

アルファベットと発音の規則

　旅のはじまりです。飛行機でモスクワまでの10時間、映画を見ても、ガイドブックを読んでもいいですが、ロシア語の勉強をはじめるのもいいですね。現地へ思いをはせながら、一文字ずつ読んでみましょうか。

文字と発音

　母音を読んでみましょう。　　　　　　　　　　　　🔊 03

Аа　大きく口をあけてハッキリと「ア」。

Ыы　「イ」の口の形のまま喉の奥より少し前、舌全体を後ろに引いて「ゥイ」と一音で発音。

Уу　唇を丸めて突き出す「ウ」。

Ээ　はっきり「エ」と発音。

Оо　唇を丸めて突き出しはっきりと「オ」と発音。

Яя　「ィヤ」と発音。

Ии　「イ」と発音。

Юю　「ィユ」と発音。

Ее　「ィ」を意識して「ィエー」と発音。（英語のYesの最初の音。）

Ёё　唇を前に突き出し、「ィ」を意識して「ィヨー」と発音。

　次に子音を読んでみましょう。母音をつけると発音しやすいですね。

　　　　　　　　　　　　　　　　　　　　　　　🔊 04

Бб　合わせた唇から勢いよく発音する「ブ」。баは「バ」、бяは「ビャ」。

Вв　下の唇を上の前歯で軽く押さえる「ヴ」。ваは「ヴァ」、выは「ヴィ」。

Гг　日本語の「ガ」行の子音の音。гаは「ガ」、гиは「ギ」。

Дд　日本語の「ダ」行の子音の音。даは「ダ」、дяは「ヂャ」、диは「ヂ」。

Жж　舌の中央をくぼめ、声を出して「ジゥ」と発音。жаは「ジァ」、жеは「ジェ」。

З з 舌と歯の間から息を出して「ズ」と発音。за は「ザ」、зе は「ズィェ」。

Й й И の「イ」より短く発音。主に母音の後に置かれることが多い。子音。

К к 日本語の「カ」行の子音の音。ка は「カ」、ки は「キ」、ке は「キェ」。

Л л 舌先を上あごにつけて発音する「ル」。ле は「リェ」、лё は「リョ」。

М м 日本語の「マ」行の子音の音。мэ は「メ」、ме は「ミェ」。

Н н 日本語の「ナ」行の子音の音。ни は「ニ」、ны は「ヌィ」。

П п 日本語の「パ」行の子音の音。пи は「ピ」、по は「ポ」、пе は「ピェ」。

Р р 巻き舌の「る」。ро は「ろ」、ри は「り」、ре「りェ」。本書では л と 区別するために読みがなはひらがなで表記。

С с 日本語の「サ」行の子音の音。сэ は「セ」、се は「スィェ」。

Т т 日本語の「タ」行の子音の音。та は「タ」、тя は「チャ」、тэ は「テ」、 те は「チェ」、ту は「トゥ」（一音で）。

Ф ф 上の前歯で下唇を軽く押さえる「フ」。фу は「フ」、фа は「ファ」。

Х х 喉の上奥から息を出して発音する「ハ」行の子音。ха は「ハ」、хо は「ホ」、хи は「ヒ」。

Ц ц 日本語の「ツ」に近い音。ца は「ツァ」、цо は「ツォ」、ци は「ツィ」、 це は「ツェ」。

Ч ч 日本語の「ち」より舌を後ろに引いて発音。ча は「ちゃ」、чо は 「ちょ」、че は「ちェ」。本書では読みがなはひらがなで表記。

Ш ш 舌の中央をくぼめ、息を出す「シゥ」。ша は「シァ」、шу は「シゥ」、 шо は「シォ」。

Щ щ ш より狭い空間から息を出して発音。「シ」の部分が長くなるイメ ージ。ща は「シャ」。

ъ 名称は硬音記号。子音と母音の発音を区別するよう、両者の間に置 かれる記号の働きをする文字。съи は「スッイ」、синъити は「シン イチ」。

ь 名称は軟音記号。子音の後に置かれ、子音に「ィ」段の音を加える。 мь は「ミ」、ть は「チ」。「ィ」は、はっきり意識して出さない感じで。

文字は最初の1歩。慣れるまで声に出して練習しましょう。

文字が読めるようになったら単語を読んでみたいもの。基本的には書いてあるとおりに読むと発音できますが、発音上の注意点もあります。

発音の注意点

Ⅰ　アクセント　　　　　　　　　　　　　　　　　　　🔊 05

　ロシア語は単語ごとにアクセントが一カ所、**母音**にあります。アクセントのある母音に「´」記号をつけますので、その母音を思い切ってはっきりと発音しましょう。

　　туалéт　トイレ　　магазúн　店　　билéт　チケット
　　トゥアリェートゥ　　　　マガズィーン　　　　　　ビリェートゥ

　母音が一つだけの単語では、その母音にアクセントがあることが明白なので、アクセント記号は省略されます。

　　там　そこに　　зал　大広間　　цвет　色
　　ターム　　　　　　ザール　　　　　　ツヴェートゥ

ёにはかならずアクセントがあります。

　　приём　受付
　　プリョム

　ロシア語ではアクセントの位置は大切です。意識して発音しましょう。

Ⅱ　アクセントのない母音の音の変化（о, е, я）　🔊 06

　アクセントのある母音を思いっきり発音すると、その他の母音は弱くなります。その場合音が少し変わる母音があります。

　оはアクセントがある場合ははっきりと「オー」と発音されますが、アクセントがないと弱く「ア」と発音されます。

　　самолёт　飛行機　　Москвá　モスクワ　　э́то　これは
　　サマリョートゥ　　　　　マスクヴァー　　　　　　エータ

е, яは、アクセントがある場合は、はっきり「ィエ」「ィヤ」と発音されますが、アクセントの直前に置かれると「イ」、アクセントの後ろでは弱い「ィェ」「ィャ」と発音されます。

　　метрó　メトロ　　теáтр　劇場　　Япóния　日本
　　ミトゥロー　　　　　チアートゥる　　　　イポーニヤ

Ⅲ　子音の無声化と有声化　　　　　　　　　　　🔊 07

　ロシア語の子音は無声子音（声をともなわずに出される音）と有声子音（声をともなって出される音）に分かれます。

有声子音	**б**	**в**	**г**	**д**	**ж**	**з**				**й**	**м**	**н**	**л**	**р**
無声子音	**п**	**ф**	**к**	**т**	**ш**	**с**	**х**	**ц**	**ч**	**щ**				

このうち、太字で書かれた上下は同じ口の形で発音されるペアです。このペアは発音が交代する場合があります。

① **語末に有声子音がくる場合**

ペアの無声子音の音になります。逆はないのでご安心を。

бага́ж（ж→ш）荷物　　вы́ход（д→т）出口
_{バガーシュ}　　　　　　　　　_{ヴィーハトゥ}

утю́г（г→к）アイロン　　газ（з→с）ガス
_{ウチューク}　　　　　　　　　_{ガース}

② **有声子音と無声子音が隣り合う場合**

1）**有声子音＋無声子音**　後ろの無声子音に影響されてペアの無声子音の音になります。

остано́вка（в→ф）停留所　　во́дка（д→т）ウォッカ
_{アスタノーフカ}　　　　　　　　　_{ヴォートゥカ}

вход（в→ф）入口　　по́езд（з→с）дが語末なのでтの音になる　列車
_{フホート}　　　　　　　_{ポーイストゥ}

2）**無声子音＋有声子音**　後ろの有声子音に影響されてペアの有声子音の音になります。

футбо́л（т→д）サッカー　　вокза́л（к→г）ターミナル駅
_{フドゥボール}　　　　　　　　　_{ヴァグザール}

なお、Москва́ や светофо́рのようにвの前に無声子音があっても発音は無声子音のままです。
_{マスクヴァー}　　_{スヴィタフォール}

Ⅳ　その他、例外的な発音　　🔊 08

文字どおりに読まない場合もあります。以下は代表的な例です。

сего́дня	今日	гをвと発音。
что	何	чをшと発音。
пра́здник	祝日	зとнの間のдは発音しない。
шестна́дцать	16	сとнの間のтは発音しない。

ふう、お疲れさまでした！　これで単語を読めるようになりました。Па́спортный контро́ль（パスポートコントロール）とтамо́жня（税関）を通って、вы́ход（出口）をめざしましょう。

13

あいさつ

О́чень прия́тно! О́чень ра́да! 🔊 09

В аэропорту́
ヴ ア エ ら ぱ る トゥー

Ма́ша: **Добро́ пожа́ловать в Москву́! Вы Кото Сасаки?**
マーシャ　ダブロー　　　　パジャーラヴァチ　　ヴ マスクヴゥー　ヴィ　コト　　ササキ

Меня́ зову́т Ма́ша. О́чень прия́тно!
ミニャー　ザヴートゥ　マーシャ　オーちン　プリヤートナ

Кото: **Здра́вствуйте! О́чень прия́тно!**
コト　ズドラーストゥヴィチェ　　オーちン　プリヤートナ

Ма́ша: **А э́то Са́ша. Он води́тель.**
マーシャ　アエータ　サーシャ　オン　ヴァヂーチり

Са́ша: **О́чень прия́тно! Са́ша.**
サーシャ　オーちン　プリヤートナ　サーシャ

Кото: **О́чень ра́да, я Кото. Извини́те, Са́ша, у меня́**
コト　オーちン　らーダ　ヤ　コト　イズヴィニーチ　　サーシャ　ウミニャー

есть бага́ж, помоги́те, пожа́луйста.
ィエースチ　バガーシゥ　　パマギーチ　　　　パジャールスタ

Са́ша: **Коне́чно!**
サーシャ　カニェーシゥナ

Кото: **Спаси́бо.**
コト　スパスィーバ

単語

в＋前置格　〜で、〜に　аэропорту́ → аэропо́рт 空港　добро́
пожа́ловать в Москву́! モスクワへようこそ！　вы あなた（たち）
меня́ зову́т Ма́ша 私はマーシャです　о́чень прия́тно!/о́чень ра́да!
初めまして、よろしく、お会いできてうれしい　здра́вствуйте こんにちは
а 一方で、そこで　он 彼　води́тель 運転手　я 私　извини́те
すみません　у меня́ есть бага́ж 荷物があります　помоги́те 手伝っ
てください　пожа́луйста どうぞ、お願いします　коне́чно! もちろ
ん！　спаси́бо ありがとう

空港にて

マーシャ：モスクワへようこそ！　佐々木琴さんですか？　私はマーシャ
　　　　　です。初めまして！

琴：　　　こんにちは！　初めまして！

マーシャ：こちらはサーシャです。運転手です。

サーシャ：初めまして！　サーシャです。

琴：　　　どうぞよろしく、琴です。すみません、荷物があるんですが、
　　　　　サーシャさん、手伝っていただけますか。

サーシャ：もちろんです！

琴：　　　ありがとう。

・・

　空港から市内への移動です！　出迎えてくれたガイドのマーシャに、あいさつしてみましょう。Здра́вствуйте!「こんにちは！」。

　自分の名前を名乗る場合は、Я Кото.「私は琴です」（я「私は」）あるいは、Меня́ зову́т Кото.「私は琴と言います」です。同じ「私」なのに、形がяとменя́ですね。これがロシア語の醍醐味、格変化とその表現です。я は「私は」と主語の形で、меня́は「私を」という直接目的語（対格）の形です（меня́ зову́т ～　直訳すると「私を（人は）～と呼びます」）。会話にはменя́がもう一つ、У меня́ есть бага́ж「私には荷物があります」の文に使われています。前置詞 y の後には生格形を置いて、「誰々には」「誰々のところには」を意味します。меня́はяの生格形でもあります。

　「初めまして、よろしく」という表現には、会話のように二つの表現があります。

О́чень прия́тно!　　О́чень ра́да!

　О́ченьは「とても、大変」という、程度を表す副詞、прия́тноとра́даは「うれしい」を表す述語です。二つの表現はいずれも「とてもうれしい」が直訳ですが、初めて会った場合には「初めまして、よろしく」という日本語に相当する表現として使われています。

　О́чень ра́да! では「я」という主語が省略されています。「я」が女性なので述語はра́даです。「я」が男性ならрад、「мы（私たち）」と複数ならра́дыとなります。述語は主語の性と数に合わせることをお忘れなく。

名詞の性／所有代名詞など

Моя́ фами́лия Сасаки

🔊 10

В гости́нице
ヴガスチーニツェ

Кото: **Здра́вствуйте! Я из Япо́нии. Моя́**
コト ズドらーストヴィチェ ヤ イズィボーニィ マヤー

фами́лия Сасаки, и́мя Кото.
ファミーリヤ ササキ イーミャ コト

Администра́тор: **Здра́вствуйте! Ваш па́спорт, пожа́луйста.**
アドミニストゥらートる ズドらーストヴィチェ ヴァーシゥ パースパるトゥ パジャールスタ

Кото: **Вот мой па́спорт.**
ヴォートゥ モーイ パースパるトゥ

Администра́тор: **Мину́точку, пожа́луйста... Ваш но́мер 901**
ミヌータチク パジャールスタ ヴァーシゥ ノーミる

(девятьсо́т оди́н), девя́тый эта́ж. Вот
デヴィツォートゥ アヂーン デヴァートィー エタージゥ ヴォートゥ

ваш ключ, а э́то ва́ши тало́ны на за́втрак.
ヴァーシゥ クりューち アエータ ヴァーシ タローヌィ ナ ザーフトゥらク

Э́то весь ваш бага́ж?
エータ ヴィエースィ ヴァーシゥ バガーシゥ

Кото: **Да, весь.**
ダー ヴィエースィ

Администра́тор: **Пожа́луйста, лифт там, спра́ва.**
パジャールスタ リーフトゥ ターム スプらーヴァ

Кото: **Спаси́бо!**
スパスィーバ

単語

гости́нице → гости́ница ホテル　из＋生格 ～から　Япо́нии →
Япо́ния 日本　фами́лия 姓　и́мя 名　администра́тор フロント　ваш
あなたの　па́спорт パスポート　вот ほら　мой 私の　мину́точку
少々お待ちください　но́мер ホテルの部屋　девя́тый эта́ж 9階　ключ
鍵　тало́ны на за́втрак 朝食券　на＋対格 ～に対する　весь すべての
да はい　лифт エレベーター　спра́ва 右に

ホテルにて

琴：　　　こんにちは！　日本から来ました。私の姓は佐々木で、名前は琴です。

フロント：こんにちは！　あなたのパスポートをお願いします。

琴：　　　はい、パスポートです。

フロント：少々お待ちください……お部屋は901号室で、9階です。お部屋の
　　　　　鍵と朝食券です。お荷物はこれで全部ですか？

琴：　　　はい、そうです。

フロント：どうぞ、エレベーターはそちら、右にあります。

琴：　　　ありがとうございます！

　　ホテルに着きました。名前（姓はфами́лия、名はи́мя）を言って、パ
スポート（па́спорт）を提示してチェックインしましょう。ロシア語では
すべての名詞は三つのグループに分かれています。男性名詞、女性名詞、
中性名詞です。「性」という名前がついていますが、単にグループのこと
です。単語の最後の文字が、どの「性」のグループに属するかを教えてく
れるので、注目しましょう。複数形もあげておきます。

мой па́спорт　　　　　最後の文字が子音、-й, -ьで終わっているものは男性名詞
モーイ　パースパるトゥ

моя́ фами́лия　　　　　最後の文字が-я, -а, -ьで終わっているものは女性名詞
マヤー　　ファミーリヤ

моё и́мя　　　　　　　最後の文字が-мя, -о, -еで終わっているものは中性名詞
マヨー　イーミャ

мой тало́ны　　　　　最後の文字が-ы, -и で終わっているものは複数形
マイー　　タローヌィ

　　最後が-ьで終わっている名詞には男性名詞も女性名詞もあります。これ
は辞書で確認するしかありません。なお、複数形には上記以外の形もあり
ます。（詳しくは『ティータイムのロシア語』を参照してください。）

　　мой「私の」は修飾する名詞によって形の一部が違いますね。そう、名
詞のグループによって名詞を修飾するもの（所有代名詞、形容詞など）は
形の一部（語尾）が異なるのです。весь「すべての」も同様です。

весь бага́ж　　　　　すべての荷物＝荷物全部
ヴィエースィ バガーシゥ

вся семья́　　　　　すべての家族＝家族全員
フスィェー スィミヤー

всё у́тро　　　　　　すべての朝＝午前中ずっと（всёだけで「全部」）
フスィェー ウートら

все тало́ны　　　　　全部の券（всеだけで「みんな」）
フスィェー　タローヌィ

17

形容詞／無人称文

Как светло!

🔊 11

Девя́тый эта́ж... А, вот, 901 (девятьсо́т оди́н), э́то мой
<small>デヴャーティー ウイターシゥ ア ヴォートゥ デヴィツォートゥ アヂーン エータ モーイ</small>

но́мер.
<small>ノーミる</small>

Оо, как светло́! Тут окно́ большо́е. Крова́ть не о́чень
<small>オオ カーク スヴィトゥロー トゥートゥ アクノー バリショーィエ クらヴァーチ ニ オーチン</small>

больша́я, но удо́бная.
<small>バリシャーヤ ノ ウドーブナヤ</small>

Сте́ны бе́лые, ковёр си́ний. Небольша́я ко́мната, но
<small>スチェーヌィ ビェールィエ カヴョーる スィーニィ ニバリシャーヤ コームナタ ノ</small>

ую́тно!
<small>ウユートゥナ</small>

単語

оо わぁ　светло́ 明るい　тут ここ　окно́ 窓　большо́е 大きい　крова́ть ベッド　удо́бная 快適な、便利な　сте́ны 壁（複数、単数はстена́）　бе́лые 白い　ковёр カーペット　си́ний 青い　ко́мната 部屋　но でも　ую́тно 居心地がよい

как светло́! какは本来「どのように、どんな風に」をたずねる疑問詞ですが、感嘆詞としても用います。「なんて～なんでしょう」という意味です。

9階……あ、あった、901、私の部屋だわ。
わあ、なんて明るいんでしょう！　ここの窓は大きいのね。ベッドはあまり大きくないけど快適。
壁は白でカーペットは青。広くない部屋だけど、居心地がいいわ！

形容詞の性数による形

бе́лый, большо́й, си́ний, хоро́ший чемода́н <small>ビェールィー バリショーィ スィーニィ ハローシィー チマダーン</small>	男性形
бе́лая, больша́я, си́няя, хоро́шая стена́ <small>ビェーラヤ バリシャーヤ スィーニャヤ ハローシャヤ スチナー</small>	女性形
бе́лое, большо́е, си́нее, хоро́шее зда́ние <small>ビェーラエ バリショーィエ スィーニィエ ハローシェエ ズダーニエ</small>	中性形
бе́лые, больши́е, си́ние, хоро́шие джи́нсы <small>ビェールィエ バリシィーエ スィーニィエ ハローシィエ ジーンスィ</small>	複数形

18

　ホテルの部屋に入りました。旅先ではくつろげる部屋がいいですね。どんな部屋なのでしょうか。部屋の様子がいろいろと「形容」されています。そう、ここでは形容詞を見ていきましょう。

　形容詞も名詞の性と数に形を合わせます。前ページの「形容詞の性数による形」を見てください。形容詞は語尾の形がいくつかパターンがありますが、代表的な語尾をあげています（語尾は最後の2文字）。一番右側は修飾する名詞です。語尾のパターンはさまざまですが、大事なことは名詞と語尾の形を合わせることです。

　形容詞の働きは二つあります。名詞を修飾する場合（небольша́я ко́мната）と述語として用いる場合（окно́ большо́е）です。ここでステップアップ！形容詞が述語として用いられる場合の形はもう一つ別にあります。

　以下の例を見てください（ここでは主語は人称代名詞で表しています）。

хоро́ший　良い

Он хоро́ш.　　Она́ хороша́.

Оно́ хорошо́.　Они́ хороши́.

краси́вый　きれいな

Он краси́в.　Она́ кра́сива.

Оно́ краси́во.　Они́ краси́вы.

　男性単数が主語の場合хоро́шийの語尾-ийを取った形が述語となり、女性単数が主語だと語幹に-а、中性単数が主語だと-о、複数が主語では-иあるいは-ыをつけます。第2課で紹介したо́чень ра́да! もこの形です。この形を形容詞の短語尾形と言い、一時的な状態などを表現する場合に使います。例えば、Сего́дня он хоро́ш!「今日の彼、いいね！」などと言う時に。

　また、中性単数が主語の形は副詞としても用いますし、主語を用いず述語だけの表現としても使います。主語（ロシア語では主格）がない文は無人称文と言います。これは気持ちを表す場合によく用いられる表現です。テキストに出ているУю́тно! Как светло́! もこの表現ですし、第2課で出てきたО́чень прия́тно!も同様です。気持ちを表す主体（意味上の主語）は与格形を用います（詳しくは37ページ参照）。

Вам поня́тно?　　わかりましたか？

　答えはもちろん、Да, мне поня́тно! ですね。

第5課 # 格変化

Мне, пожа́луйста, борщ и пирожо́к 🔊 12

В кафе́ на пе́рвом этаже́
フ カフェー ナ ビョーるヴァム エタジェー

Кото: **Здра́вствуйте! Э́тот сто́лик свобо́ден?**
コト ズドらーストゥヴィチェ エータトゥ ストーリック スヴァボーヂン

Официа́нт: **Здра́вствуйте! Да, свобо́ден, пожа́луйста.**
アフィッツァーントゥ ズドらーストゥヴィチェ ダー スヴァボーヂン バジャールスタ

Кото: **Мне, пожа́луйста, борщ и пирожо́к.**
ムニェー バジャールスタ ボーりシ イ ピらジョーク

Официа́нт: **Пирожо́к с чем? У нас пирожки́ с мя́сом,**
ビらジョーク スチェーм ウナース ビらシッキー スミャーサм

с капу́стой, с гриба́ми.
スカブースタイ スグりバーミ

Кото: **С гриба́ми, пожа́луйста. И чай с лимо́ном.**
スグりバーミ バジャールスタ イチャーイ スリモーナм

Официа́нт: **Хорошо́! Мину́точку.**
ハらショー ミヌータチク

単語

кафе́ カフェ　на пе́рвом этаже́ 1階に　на＋前置格 ～で、～に
э́тот（э́та э́то э́ти）この　сто́лик テーブル　свобо́ден*（свобо́дна,
свобо́дно, свобо́дны）空いている　официа́нт ウエイター　борщ
ボルシチ　пирожо́к, пирожки́ ピロシキ　с＋造格 ～を入れた、～を添えた
чем → что の造格形　мя́сом → мя́со 肉　капу́стой → капу́ста
キャベツ　гриба́ми → грибы́ キノコ　и ～も　чай 茶
лимо́ном → лимо́н レモン

＊свобо́денは人が主語なら「暇である、時間がある」という意味で使われます。

1階のカフェで
琴：　　　こんにちは！　このテーブルは空いてますか？
ウエイター：こんにちは！　はい、空いています、どうぞ。
琴：　　　ボルシチとピロシキを一個ください。

20

ウエイター：ピロシキの具は何がいいですか？　肉入り、キャベツ入り、
　　　　　　キノコ入りがあります。
琴：　　　　キノコ入りをお願いします。それとレモンティーを。
ウエイター：かしこまりました！　お待ちください。

••

　ロシア語を話す上で意識したいのは格変化です。第2課では、ロシア語
の醍醐味と表現しましたが、語の役割を決める助詞に慣れ親しんでいる私
たちにとって格変化の概念は難しくありません。各格が表現しうることと
格の形を押さえておきましょう。

格	単語の形（例）		主な役割	おおよその概念
主格	я ヤ	ка́рта カールタ	主語、述語	〜は（が）、〜である
生格	меня́ ミニャー	ка́рты カールトィ	所有、由来	〜の
与格	мне ムニェー	ка́рте カールチェ	間接目的語	〜に
対格	меня́ ミニャー	ка́рту カールトゥー	直接目的語	〜を
造格	мной ムノーイ	ка́ртой カールタイ	道具、手段、資格	〜で（を使って）、 〜によって
前置格	мне ムニェー	ка́рте カールチェ	前置格と結びつく前置詞 в, на, о などと ともに	

　Мне, пожа́луйста, борщ и пирожо́к. の мне は「私に（間接目的語）」、
борщ и пирожо́к は「ボルシチとピロシキを（直接目的語）」、を表現する
ので、動詞「ください」を省略しても相手は理解してくれます。また、特
定の前置詞と結びついていろいろなことを表現します。例えば、前置格と
結びつく前置詞には в/на があり、場所を表します。пирожки́ с мя́сом の前
置詞 с は造格と結びついて「〜とともに」を表すので、「肉入りのピロシキ」
という意味になります。なお、Пирожо́к с чем? の чем は что「何」の造格
形です。疑問詞も格変化します。

　格変化の形は巻末の変化表で確認してくださいね。格を制する者は？
そう、ロシア語を制するのです！

動詞の変化

第 6 課

Я читáю путеводи́тель по Росси́и 🔊 13

Вéчером в нóмере
ヴェーちらム　ヴノーミりェ

Я читáю путеводи́тель по Росси́и. Наконéц-то я
ヤちターユ　　プチヴァヂーチり　　バらスィーイ　　ナカニェーッタ　ヤ

в Москвé! Все говоря́т по-рýсски. Сегóдня в кафé
ヴマスクヴェー　フセー　ガヴァりャートゥ　バるースキ　スィヴォードニャ　フカフェー

я éла борщ и пирожóк, пила́ чай с лимóном. Всё
ヤィエーラ　ボーりシュ　イ　ビらジョーク　　ビらー　ちゃーイ　スリモーナム　　フスョー

бы́ло вкýсно. Я люблю́ рýсскую кýхню! … Что я
ブィーラ　フクースナ　ヤ　リュブリュー　るースクユ　　クーハゥニュ　　シットー　ヤ

бýду дéлать за́втра? Кака́я погóда бýдет за́втра?
ブードゥー　ヂェーラチ　ザーフトら　　カカーヤ　バゴーダ　ブーヂトゥ　ザーフトら

単語

вéчером 夕方に	чита́ю → чита́ть 読む	путеводи́тель ガイド	
ブック по+与格 ～に関して	по Росси́и ロシアに関する	наконéц-то	
とうとう говоря́т → говори́ть 話す	по-рýсски ロシア語で(を)	
сегóдня 今日	éла → есть 「食べる」の過去形	пила́ → пить 「飲む」	
の過去形	вкýсно おいしい	люблю́ → люби́ть ～を好む	кýхню	
→ кýхня 料理	бýду → быть いる、ある、である(存在動詞)	дéлать	
～をする	за́втра 明日	кака́я どのような、どの	погóда 天気

есть（現在形　ем, ешь, ест, еди́м, еди́те, едя́т　過去形　ел, éла, éло, éли）

пить（現在形　пью, пьёшь … пьют　過去形は規則どおり）

Кака́я погóда бýдет за́втра? → кака́я 「どのような、どの～」も名詞を修飾
するので形が四つあります。погóдаは女性名詞なのでкака́яが使われています。
како́й（男性形）、како́е（中性形）、каки́е（複数形）もご参考までに。

夕方の部屋で
　ロシアのガイドブックを読んでいるところ。とうとうモスクワにいるの

22

ね！　みんなロシア語を話している。今日カフェでボルシチとピロシキ
を食べて、レモンティーを飲んだ。全部おいしかったな。ロシア料理は
好き！……明日は何をしよう？　どんな天気になるかな？

琴は、部屋で今日一日を振り返ったり、明日の予定を考えたりしてい
ます。行動の表現には動詞を用いますが、動詞には以下のように現在形（①、
②）、過去形（③）、未来形（④）があります。

	①читáть ちターチ	②говори́ть ガヴァリーチ	③читáть ちターチ	④читáть ちターチ
я ヤ	читáю ちターユ	говорю́ ガヴァリュー	читáл(ла) ちタール・ラ	бýду читáть ブードゥ・ちターチ
ты ティ	читáешь ちターイシュ	говори́шь ガヴァリーシュ	читáл(ла) ちタール・ラ	бýдешь читáть ブーヂシュ・ちターチ
он, オン онá, アナー онó アノー	читáет ちターイトゥ	говори́т ガヴァリートゥ	он читáл オン・ちタール онá читáла アナー・ちターラ онó читáло アノー・ちターラ	бýдет читáть ブーヂトゥ・ちターチ
мы ムィ	читáем ちターイム	говори́м ガヴァリーム	читáли ちターリ	бýдем читáть ブーヂム・ちターチ
вы ヴィ	читáете ちターイチェ	говори́те ガヴァリーチ	читáли ちターリ	бýдете читáть ブーヂチェ・ちターチ
они́ アニー	читáют ちターユトゥ	говоря́т ガヴァリャートゥ	читáли ちターリ	бýдут читáть ブードゥートゥ・ちターチ

читáть, говори́ть など、多くの動詞は-тьで終わっています。この形を
不定形と言い、辞書に載っている形です。①と②は現在を表す形で、①は
第1変化（不定形の最後2文字-тьを取り、表のように、人称代名詞に応じ
た語尾をつける）、②は第2変化（不定形の最後3文字（ここでは-ить）を
取り、表のように、人称代名詞に応じた語尾をつける）で、規則動詞です。
③は過去を表し、形は四つあります（主語の性と数に合わせる）。不定形
の最後2文字-тьを取り、主語が男性単数なら-л、女性単数なら-ла、中性
単数なら-ло、複数なら-лиをつけます。④は未来を表す形で、存在を表
す動詞бытьを主語に応じた形にしてから動詞の不定形を置きます。
　現在形に関しては特殊変化も多いので、その都度覚えていきましょう。

第 7 課　　**動詞の体**

Я ещё не прочитáла путеводи́тель　🔊 14

Сего́дня я до́лго чита́ла путеводи́тель, но ещё
_{スィヴォードニャ　ヤ　ドールガ　ちターラ　プチヴァヂーチリ　ノ　イショー}

не прочита́ла его́. Но ничего́. За́втра у́тром прочита́ю.
_{ニ プらちターラ イヴォー　ノ ニちヴォー　ザーフトゥら　ウートゥらム　プらちターュ}

Обы́чно я встаю́ в 7 часо́в. А сего́дня вста́ла ра́но, в 5.
_{アブィーちナ　ヤ　フスタユー フスィェーミ ちソーフ　アスィヴォードニャ　フスターラ　らーナ　フピャーチ}

За́втра вста́ну... в 8 часо́в. Поста́влю буди́льник на 8.
_{ザーフトゥら　フスターヌ　ヴヴォースィミ ちソーフ　パスターヴリュ　ブヂーリニク　ナヴォースィミ}

Он меня́ разбу́дит!
_{オン　ミニャー　らズブーヂトゥ}

単語

до́лго 長い間　　но でも、しかし　　ещё まだ　　не ～でない
прочита́ла, прочита́ю → прочита́ть 読む（完了体）　　его́ → он の対格形
ничего́ 大丈夫　　у́тром 朝に　　обы́чно いつもは、たいてい　　встаю́
→ встава́ть 起きる（不完了体）　　в +時間 ～時に　　часо́в → час 時（時間）
вста́ла, вста́ну → встать 起きる（完了体）　　ра́но 早く　　поста́влю
→ поста́вить セットする（完了体）　　буди́льник 目覚まし時計　　на +時
間 ～時の予定で　　разбу́дит → разбуди́ть 起こす

　今日はガイドブックを長い間読んでいたけど、まだ読み終えてない。でも、大丈夫。明日の朝に読み終えるから。いつもは7時に起きるのだけど。今日は早くて5時に起きた。明日は……8時に起きよう。目覚まし時計を8時にセットするわ。目覚ましはきっと起こしてくれるわ！

　テキストに出てきた特殊変化の動詞です。

встава́ть встаю́, встаёшь,... встаю́т　　起きる（不完了体、第1変化）
_{フスタヴァーチ　フスタユー　フスタヨーシ　フスタユートゥ}

встать вста́ну, вста́нешь,... вста́нут　　起きる（完了体、第1変化）
_{フスターチ　フスターヌ　フスターニシ　フスターヌトゥ}

24

поста́вить поста́влю, поста́вишь... поста́вят
パスターヴィチ　パスターヴリュ　パスターヴィシュ　　パスターヴャト

セットする（完了体、第2変化）

разбуди́ть разбужу́, разбу́дишь,... разбу́дят
らズブーヂチ　らズブジュー　らズブーヂシュ　　らズブーヂャト

起こす（完了体、第2変化）

　ロシア語の動詞にはもう一つ注意する点、不完了体と完了体という二つの「体」があります。例えば、第6課とこの課で出てくる「読む」という動詞は、不完了体がчита́ть、完了体がпрочита́тьです。各体には意味があり、使われる場面が異なります。大きな違いは、不完了体が動作そのもの、動作のプロセスを表し、完了体が動作の結果を表す点です。

　例えば、「すてきな家を買いたい」と言う場合、家を買うプロセス（不動産会社などとの取引）を意識しているわけではなく、買ったすてきな家（結果）のことを考えているので完了体を使います（Я хочу́ купи́ть прекра́сный дом. Купи́тьは完了体。不完了体のпокупа́тьは購入のプロセスや購入する動作を繰り返す場合に使われます）。また、「すてきな家に住みたい」と言う場合、すてきな家で快適な時間を過ごす過程（プロセス）を意識するので不完了体を使います（Я хочу́ жить в прекра́сном до́ме. Житьは不完了体）。

　テキストにはя до́лго чита́ла путеводи́тель という文があります。ガイドブックを時間をかけて「読んでいた」という動作のプロセスを表現しています。その後にно ещё не прочита́ла と完了体が使われています。完了体は「読んだ結果、その情報を知る」ということを表していますが、ここではнеが直前にあり、否定しています（読み終わっていないので、情報をまだすべて知らない）。でも続いてЗа́втра у́тром прочита́юと言っていますから、明日の朝には情報を知ることになります。

　この課で使われている他の動詞も見てみましょう。

Обы́чно я встаю́ в 7 часо́в. А сего́дня <u>вста́ла</u> ра́но, в 5. За́втра <u>вста́ну</u> ... в 8 часо́в.

　下線はいずれも「起きる」という動詞ですが、「いつも」繰り返されているのは「起きる」動作そのものなので不完了体のвстава́тьが使われ、

25

具体的に「今日」と「明日」1回の「完全に目が覚める」という「起きる」結果を意識する場合に完了体のвстатьが使われています。また、зáвтраは未来なのに、未来を表す場合に用いたбытьはなく、встатьとпрочитáтьの活用形が使われていますね。完了体動詞は動作の結果を表すため、結果がまだ出ない現在を表すことはできません。ですから完了体動詞の活用形は「未来に出る結果」を表します。動詞の体を時制に関してまとめると次のようになります。

	вставáть 不完了体 フスタヴァーチ	встать 完了体 フスターチ
過去	вставáл（男性形） フスタヴァール	встал（男性形） フスタール
現在	встаю（яの形） フスタユー	———
未来	бýду вставáть（яの形） ブードゥー フスタヴァーチ	встáну（яの形） フスターヌ

　なお、不完了体－完了体の形には、不完了体に接頭辞がついた完了体（читáть-прочитáть, стáвить-постáвить, будúть-разбудúтьなど）、単語内でのつづりが少し異なるもの（вставáть-встатьなど）、全く形が異なるもの（говорúть-сказáтьなど）があります。私たちにはなじみのない概念ですが、さまざまな場面で遭遇します。これもまたロシア語の醍醐味の一つかもしれません。

寄り道コラム　ネフスキー大通りを歩いてみよう

　ピョートル大帝が築いた美しい都、世界遺産の街サンクト・ペテルブルグ。メインストリートはネフスキー大通り。アレクサンドル・ネフスキー修道院からネヴァ川にいたるまでほぼまっすぐに通っています。その途中にあるモスクワ駅からネヴァ川まで歩いてみましょう。

　大通りの両側にはチョコレート専門店やロシアや外国のコスメショップなどが並んでいます。これらの店をのぞきながら進むとフォンタンカ川にかかるアニチコフ橋を渡ります。橋の両端には4体の馬の銅像が飾られていて、フォトスポットです。少し行くと右側にモダン建築のエリセーエフの店があり、道をはさんだ公園にはエカチェリーナ二世の銅像が、彼女を支えた男性たちを台座に従え凛と立っています。その背後に見えるのは正面に6本の円柱が印象的なアレクサンドリンスキー劇場の堂々たる雄姿です。

　さらに歩くと右側にパサージュとスイーツ店のセーヴェル、左側にゴスチンヌィ・ドヴァールという商業施設と並んで、アルメニア教会やカトリックの教会があります。もう少し先には、グリボエードフ川があり、右側にロシア・クラシック様式の血の上の教会が現れます。1881年、時の皇帝アレクサンドル二世がテロリストに暗殺された場所に建てられたものです。川にかかる橋を渡ったところにモダン建築の書店（Дом книги）があります。その反対側にはカザン寺院が荘厳な姿を見せています。歩き疲れたら、書店の2階にあるカフェの窓際に座ってカザン寺院を眺めるのもいいかもしれません。

　モイカ運河を渡り、そのすぐ先にある詩人プーシキンがよく訪れた文学カフェを通りすぎて右に曲がり、アーチ形の門をくぐるとそこは宮殿広場です。ナポレオン戦争の勝利を記念して建てられたアレクサンドルの円柱の先にあるのは、ペパーミントグリーンの巨大な宮殿。帝政時代には皇帝の居城であり、現在はエルミタージュ美術館として有名な美しい宮殿です。

　ネフスキー大通りを歩き切りました。ネヴァ川のほとりに行って対岸を眺めてみましょう。対岸にも美しい建物が並んでいます。次の日はネヴァ川を渡ってみましょう。

1）次の動詞（不完／完）のうち、文脈に合うものを選んで適切な形にしましょう。

① （**покупа́ть – купи́ть**）賞う

Ка́ждое у́тро я （　　　　　）газе́ты.　　毎朝、私は新聞を買います。

А вчера́ я （　　　　　）журна́л.　　でも、昨日は雑誌を買いました。

② （**де́лать – сде́лать**）する

Сейча́с Ива́н （　　　　　）уро́ки.

今、イヴァンは宿題をやっています。

Он бы́стро （　　　　　）уро́ки и сейча́с смо́трит телеви́зор.

彼はさっさと宿題を終え、そして今テレビを見ています。

③ （**писа́ть – написа́ть**）書く

Вчера́ Джим до́лго （　　　　　）письмо́.

昨日、ジムは長いこと手紙を書いていました。

Но он ещё не （　　　　　）его́.

でも、まだそれを書き終えていません。

④ （**получа́ть – получи́ть**）受け取る

Вчера́ Ни́на （　　　　　）письмо́ от подру́ги.

昨日、ニーナは友だちから手紙をもらった。

Она́ ча́сто （　　　　　）пи́сьма от друзе́й.

彼女はよく友だちから手紙をもらう。

2）次にあげる単語を適切な形に変えて、訳を参照してロシア語で手紙を書いてみましょう。

что　何	де́лать　する	ко́мната　部屋	му́зыка　音楽
слу́шать　聞く	ве́чером　夕方	сего́дня　今日	
гото́вить – пригото́вить　（料理を）つくる		обы́чно　いつも	
у́жин　夕飯	борщ　ボルシチ	вку́сно　おいしい	ру́сская
ку́хня　ロシア料理	за́втра　明日	пирожки́　ピロシキ	
быть　過去と未来の存在を表す動詞			

28

Приве́т, Юми! こんにちは、ゆみ！

_____

_____

_____

今、何をしていますか？ 私は部屋で音楽を聞いています。夕方はいつも、
夕食をつくっています。今日はボルシチをつくったの。おいしかった！
ロシア料理は好き？ 明日はピロシキをつくるつもり。

Приходи́ ко мне! 家に来てね。

解答

１）不完了体は過程、行為の繰り返し、完了体は完結（結果）を意識します。
①покупа́ю, купи́л　②де́лает, сде́лал　③писа́л, написа́л　④получи́ла, получа́ет

①「毎朝買う」ということは行為が繰り返されるので不完了体、「昨日買った」は雑
　誌の購入過程（お金を渡したり、おつりやレシートをもらったりすること）では
　なく、購入した結果、手元にあることを表すので完了体です。яは男性の場合は
　купи́л、女性ならばкупи́лаです。
②「今現在」進行している動作は過程を表す不完了体、動作を「終えた」結果、別
　の動作をはじめたので完了体を使います。
③「長いこと」＝一定の期間続く過程を表すので不完了体、「書き終えていない」の
　は「書く」結果がまだ出ていないので完了体を否定する表現にします。
④具体的な１回の行為（手紙をもらった）の結果、「手紙を持っている」ので完了体、
　「よくもらう」は「もらう」動作が繰り返されるので不完了体を使います。

２）以下は解答例です。
Что ты сейча́с де́лаешь? Я слу́шаю му́зыку в ко́мнате. Ве́чером я обы́чно
гото́влю у́жин, сего́дня я пригото́вила борщ. Бы́ло о́чень вку́сно! Ты лю́бишь
ру́сскую ку́хню? За́втра я пригото́влю пирожки́.

　「いつも夕食をつくる」は不完了体、「今日はボルシチをつくった」は完了体です。
гото́витьのяの形はгото́влюと-л-が入るところに注意しましょう。「明日ピロシキ
をつくる」は、「つくる」結果、できあがるピロシキを意識しているので完了体動
詞を活用させて未来を表します。

第 **8** 課　移動の動詞　# 歩いて行く

Де́ти иду́т в шко́лу　🔊 15

На у́лице

Сего́дня понеде́льник. На у́лице хоро́шая пого́да. Я иду́ гуля́ть.

По у́лице иду́т лю́ди. Интере́сно, куда́ иду́т э́ти де́ти? Наве́рное, в шко́лу. А куда́ идёт э́та же́нщина? Мо́жет быть, в суперма́ркет?.. Вчера́ я то́же ходи́ла в суперма́ркет, тут недалеко́.

Я то́же иду́ по у́лице. Я люблю́ ходи́ть и смотре́ть на го́род. Вот идёт авто́бус. А вот тролле́йбус, и ещё оди́н. По э́той у́лице хо́дят авто́бусы и тролле́йбусы.

単語

у́лице → у́лица　通り、(戸)外　　понеде́льник　月曜日　　*иду́, идёт → идти́　(歩いて一定の方向へ)行く　　гуля́ть　散歩する　　по＋与格　〜を(移動、運動が行われる場所を表す)　　лю́ди　人々　　интере́сно　興味深い　　куда́　どこへ　　де́ти　子供たち　　наве́рное　多分、おそらく　　в＋対格　〜へ(行先)　　шко́лу → шко́ла　学校　　же́нщина　女性　　мо́жет быть　もしかしたら、多分　　суперма́ркет　スーパーマーケット　　то́же　〜も(また)　　*ходи́ла, хо́дят → ходи́ть　(歩いて行って戻るなど)行く　　недалеко́　遠くない、近い　　смотре́ть　見る　　го́род　街　　авто́бус　バス　　тролле́йбус　トロリーバス　　оди́н　一つ

*のついた単語はこの課で学習します。

通りで

今日は月曜日。外は良い天気。散歩に行こうかな。

人々は通りを歩いている。この子供たちはどこへ行くんだろう？　たぶん学校ね。そして、この女性は？　もしかしたらスーパーマーケットへ行くところかな？……昨日、私もスーパーマーケットに行ったけど、遠くなかったわ。

私も通りを歩いている。歩いたり、街の様子を眺めるのが好きだから。あ、バスが走っている。あそこにはトロリーバス、別なトロリーバスも。この通りはバスやトロリーバスが行き交うのね。

移動の動詞　定向動詞と不定向動詞

さあ、待ちに待ったモスクワでの街歩き。出かける準備をしてホテルから第一歩を踏み出しましょう。街は活気にあふれています。人々はみんなどこかへ急いでいますね。朝の風景です。

ロシア語では「どこかへ行く、行った」など、移動を表す動詞を総称して「移動（運動）の動詞」と言います。そのなかには「歩いて行くидти́-ходи́ть」「乗り物で行くéхать-éздить」「走るбежа́ть-бéгать」「飛ぶлетéть-летáть」「何かを（歩いて）運ぶнести́-носи́ть」などが含まれます。動詞が二つ書かれているのは、移動の動詞には、「一定の方向へ歩く＝定向動詞」と「行って戻る、行先を決めない＝不定向動詞」があるからです。少し例をあげましょう。

定向動詞というのは「一定の方向へ向かう」場合に使われます。例えば、「今、お店に向かっています、行くところです」や「ほら、飛行機が飛んでいる（一定の方向へ飛びますからね）」と言う場合です。これに対して不定向動詞は、「行って戻る」を表現することが多いので、「どこへ行ってきたの？」「図書館へ行ってきた（行ってきた＝日本語と同じ表現！）」とか「東京－モスクワ間には定期便が飛んでいる（行って戻ることが繰り返される）」、あるいは「私は歩くのが好きなんだ（一定の方向にばかりに歩くわけではないですから）」と言う場面で使われます。

31

歩いて行く идти́（定向）／ходи́ть（不定向）

この課のテーマである「歩いて行く」という動詞を見てみましょう。

「歩いて行く」を表す動詞の現在人称変化

人称	**идти́**	**ходи́ть**	注意点
я	иду́	хожу́	・第2変化の動詞の語幹末が-д-ならば、主語がяの場合のみ-д-が-ж-になる（歯音変化）。
ты	идёшь	хо́дишь	
он	идёт	хо́дит	
мы	идём	хо́дим	・идти́の過去形は特殊形он шёл/она́ шла/оно́ шло/они́ шли
вы	идёте	хо́дите	
они́	иду́т	хо́дят	

それぞれの動詞を使った二つの文を比較してみましょう。

Он идёт в больни́цу. 　彼は病院に行くところです。

　　　　　　　　　　　　（病院という一定の方向へ向かっている）

Он хо́дит в больни́цу. 　彼は通院しています。

　　　　　　　　　　　　（病院に行って戻ってくる［それが繰り返される］

　　　　　　　　　　　　＝通っている）

テキストを見てみましょう。идти́（куда́ иду́т э́ти де́ти? вот идёт авто́бус）が使われているのは、子供たちやバスが、ある方向へ向かっている場合です。ходи́ть（я ходи́ла в суперма́ркет, хо́дят авто́бусы）が使われているのは、スーパーへ行ってきた時や、バスなどが往来する場面です。また、идти́, ходи́тьは人が歩くだけではなく、バスなどの公共交通機関が「運行する」場合にも使われます。

行先の表現

行先「〜に、〜へ」は、前置詞вあるいはнаの後の名詞を対格形にして表現します。больни́ца「病院」は前置詞вを伴い、対格形はбольни́цуとなります。この表現の行先には人は含まれません。人の所へ行く場合は前置詞кの後の名詞を与格形にして表現します。

Я ходи́л к дру́гу. 　私は友人の所へ行ってきた。（дру́гуはдругの与格形）

　また、前置詞поは与格形をともない、移動（運動）が行われる場所を表現します。

Я люблю ходи́ть по го́роду.　　　私は街を歩くのが好きです。

　　　　　　　　　　　　　　　　　（го́родуはго́родの与格形）

ワンポイントプラス　　　идти́の他の用法

　一定の方向への移動を表すидти́は、「歩いて行く」以外にもさまざまな場面で用いられる応用範囲の広い動詞です。例えば、「雨、雪が降る」「映画が上映されている」「似合う、適合する」「時間が進む」などの場合に用いられます。

Сейча́с идёт дождь.　　　　　　今、雨が降っています。

Вчера́ шёл хоро́ший фильм.　　昨日、良い映画が上映されていた。

Вам идёт э́то пла́тье.　　　　（あなたに）このドレス、似合いますよ。

Вре́мя идёт бы́стро!　　　　　時間が過ぎる（進む）のは速い！

　移動の動詞は、定向－不定向を意識する必要がありますが、使いこなせたら楽しいですね。だって本書のテーマは旅歩きですから。

第 **9** 課　移動の動詞

乗り物で行く

В Кремль я е́ду на метро́　　🔊 16

В Москве́ хо́дят авто́бусы, троллле́йбусы, трамва́и, рабо́тает метро́. На них лю́ди е́здят на рабо́ту и́ли на учёбу. Как мне е́хать в Кремль? На́до спроси́ть того́ мужчи́ну.

Кото:　　　 **Скажи́те, пожа́луйста, как мне е́хать в Кремль?**

Мужчи́на: **В Кремль? На метро́ удо́бно. Вон там больша́я бу́ква «М», э́то ста́нция метро́. Вам ну́жно е́хать без переса́дки до ста́нции «Охо́тный ряд».**

Кото:　　　 **Спаси́бо большо́е!**

Мужчи́на: **Не́ за что.**

単語

трамва́и → трамва́й　トラム（路面電車）　рабо́тает → рабо́тать （ここでは）運行する　метро́　メトロ　е́здят → е́здить （乗り物で）行く （不定向）　рабо́ту → рабо́та　職場　и́ли　あるいは　учёбу → учёба （本来の意味は「学業」、ここでは）学校　е́хать （乗り物で）行く （定向）　Кремль　クレムリン　на́до　〜しなければならない（無人称文述語）　спроси́ть*　たずねる　того́ мужчи́ну → тот мужчи́на　その男性　скажи́те → сказа́ть　「話す」の命令形　вон там　ほら、あそこに　бу́ква　文字　ста́нция　駅　ну́жно　〜する必要がある（無人称文述語）　без ＋生格　〜なしで　переса́дки → переса́дка　乗り換え　до＋生格 〜まで　не́ за что　どういたしまして

34

*спрошу́ → спроси́ть, спрошу́, спро́сишь, спро́сит, спро́сим, спро́сите, спро́сят （第2変化）　たずねる、質問する
я が主語の場合のみ、-с-が-ш-に代わる（歯音変化）。

　モスクワではバス、トロリーバス、トラムやメトロが運行されているのね。それを使って人々は職場や学校へ通っているんだ。私はクレムリンへどう行くのがいいのかな？　あの男性にたずねてみよう。

琴：　すみません、クレムリンへはどう行ったらいいですか？
男性：クレムリン？　メトロが便利ですよ。ほら、あそこに大きなM（エム）という文字がありますね、あれはメトロの駅です。乗り換えなしで「アホートヌィ・リャート」駅まで行ってください。
琴：　ありがとうございます！
男性：どういたしまして。

乗り物で行く　е́хать（定向）／е́здить（不定向）
　ロシアの都市ではバス、トロリーバス（車体はバスだが電気をエネルギー源とする）、トラム（路面電車）、メトロなどさまざまな交通機関が運行しています。乗り物を使っての移動はе́хатьとе́здитьを使います（飛行機などでの空中移動や船などでの水上移動には別の動詞を使います）。

「乗り物に乗って行く」を表す
動詞の現在人称変化
（過去形は規則通り）

人称	е́хать	е́здить
я	е́ду	е́зжу
ты	е́дешь	е́здишь
он	е́дет	е́здит
мы	е́дем	е́здим
вы	е́дете	е́здите
они́	е́дут	е́здят

乗り物に乗って移動する場合も、定向／不定向の概念と行先の表現（в/на＋名詞の対格形）は、「歩いて行く」場合と同じです。

Cа́ша е́дет в друго́й го́род. サーシャは別の街へ行くところだ。

Мой оте́ц е́здит на рабо́ту. 私の父は通勤している。

前置詞вかнаのどちらを用いるのかは後に続く名詞によります。

テキストで、е́хатьが使われているのは、クレムリンという一方向へ行くからで、е́здитьが使われているのは、職場や学校へ通っている（行って戻ることが繰り返される）ことを表しているからです。

乗り物（交通手段）の表現

乗り物（交通手段）の表現は、前置詞наの後に続く交通機関を前置格形にします。

Мой брат е́здит в шко́лу на авто́бусе.

私の弟はバスで学校に通っています。

авто́бусеはавто́бусの前置格形です。метро́やтакси́「タクシー」などの外来語由来の語は格変化しません。テキストには、на нихという表現がありますね。нихはони́の前置格形で、они́とは前文のавто́бусы, тролле́йбусы, трамва́и, метро́を指しています。

交通手段には他に次のようなものがあります。

электри́чка 電車　　**по́езд** 列車　　**маши́на, автомоби́ль** いずれも自動車　**велосипе́д** 自転車　　**мотоци́кл** バイク　　**самолёт** 飛行機　**вертолёт** ヘリコプター

乗り物に「乗る」という動作はсади́ться（不完）сесть（完）前置詞на/в＋対格という表現を使います。

Мне на́до сесть на авто́бус. バスに乗らなきゃ。

такси́にはбрать（不完）взять（完）「取る」も使います。

Сейча́с я возьму́ такси́. 今タクシーをつかまえるね。

　ここまでの移動の動詞はしっかりと押さえておきましょう。

　ロシア語には基本となる動詞に接頭辞のついた語がたくさんあります。移動の動詞も例外ではありません。まだまだ続きますよ、移動の動詞。

ワンポイントプラス　　　無人称の主体

　ここでは、文の意味上の主体を与格で表す無人称文を紹介します。第4課でも取り上げましたが、無人称文とは、文法的な主語、つまり主格がない文のことです。行為を行う、または感覚を帯びる（感じる）主体がある場合は与格で表されます。いくつか種類のある無人称文の中から以下の二つを見ていきましょう。

必要性・可能性などの語＋不定形

　無人称文によく使われる述語には надо、нýжно「～する必要がある」、мóжно「～できる、～してよい」、нельзя́「～してはいけない、～できない」、порá「～する時間（時期）だ」があります。これらの後には動詞の不定形を置きます。

－ Мне мóжно идти́?　　（私は）行ってもいいですか？

－ Да, мóжно.　　　　えぇ、いいですよ。

疑問詞＋不定形

　疑問詞の後に動詞の不定形が続いている場合は「～すべき、～するのがよい」を表現します。

Как мне éхать в Кремль?　　クレムリンへはどう行くのがいいかな？

　動作の主体を与格で表すのは、積極的な自分の意志ではなく、外的な状況からの働きを受ける場合となります。次の例文を見てみましょう。

Что мы бýдем дéлать тепéрь?　　これから何をしようか？（予定）

Что нам тепéрь дéлать?　　これから何をすればいい？

　　　　　　　　　　　　　　　（困った状況への対処）

　いろんな表現を自分のものにして、現地で使ってみましょう。

寄り道コラム　マリインカとボリショイ

　言わずと知れた芸術大国ロシア。なかでも舞台芸術は世界最高水準を誇ります。その中でぜひ足を運んでもらいたい二つの劇場を紹介します。

　マリインスキー劇場（Госудáрственный академи́ческий Марии́нский теáтр）は、1783年にエカチェリーナ二世の勅令により、オペラ・バレエの専用劇場として設立されました。当初の劇場は石造りの建物だったので、ボリショイ・カーメンヌィ劇場（кáменный石造りの）と呼ばれました。こけら落としにはイタリア・オペラが上演されました。1859年にペパーミントグリーンが美しい現在の劇場が完成し、当時の皇帝アレクサンドル二世の妻マリアの名を冠してマリインスキー劇場と命名されました。併存していたボリショイ・カーメンヌィ劇場が1886年に閉館すると、そこを拠点としていたオペラとバレエがマリインスキー劇場に移ります。オペラでは『ボリス・ゴドノフ』『イーゴリ公』、バレエでは『眠れる森の美女』『くるみ割り人形』などの人気作品が初演され、サンクト・ペテルブルグの人々に愛される劇場となりました。人々は愛情をこめてこの劇場をマリインカと呼んでいます。

　モスクワのボリショイ劇場（Госудáрственный академи́ческий Большóй теáтр）は、1776年にピョートル・ウルソフ公爵の私設劇場として出発しました。最初の建物はペトロフカ通りに建てられたのでペトロフスキー劇場と呼ばれました。ロシアの農奴から海外の著名人まで、さまざまなアーティストが出演しました。その後、劇場は帝室管理下に置かれます。19世紀にはバレエ『ドン・キホーテ』『白鳥の湖』が初演されました。劇場が現在の場所に建てられたのは1825年です。規模、建築様式、内装のどれをとっても他の劇場とは一線を画すすばらしいものでした。その後、幾度も戦火を含む火災の被害を受けましたが、その都度よみがえりました。4頭立ての馬車を駆るアポロン像のある正面の屋根、淡いピンク色の荘厳な建物はモスクワのシンボルの一つです。

　両劇場とも2000年代に入ると新館を設け、活動の幅を広げています。「偉大な文化を持たない偉大な国はない」と言われます。国が誇る世界最高峰の両劇場を擁するロシアは「偉大な文化を持つ偉大な国」なのです。

移動の動詞

1 「歩いて行く」「乗り物で行く」以外の移動の動詞

　移動の動詞はидти-ходить、éхать-éздить以外にもあります。主な動詞をあげておきます。第1変化以外は少しだけ活用もあげましたが、詳細は巻末の表で確認しましょう。不規則な過去形の動詞もあるので要注意です。

定向動詞	不定向動詞	
летéть: лечý, летишь...	летáть*	飛ぶ
бежáть: бегý, бежишь...	бéгать*	走る
плыть: плывý, плывёшь...	плáвать*	水上（中）の移動
нести*: несý, несёшь...	носить: ношý, нóсишь...	持って行く
вести*: ведý, ведёшь...	водить: вожý, вóдишь...	連れて行く

*のついた単語は第1変化の動詞です。

　定向、不定向の用い方はもうご存知ですね。例文で確認しましょう。

Смотри, птицы летя́т на юг.
見て、鳥が南へ飛んで行っている。（定向）

Самолёты регуля́рно летáют мéжду Москвóй и Тóкио.
モスクワ東京間に定期便が飛んでいる。（不定向）

Он бежит в шкóлу.　　　彼は学校へ走って行くところだ（定向）。

Я кáждый день бéгаю.　　私は毎日ジョギングしている（不定向）。

　定向は一定の方向への移動（南へ飛んでいる、学校へ走って行く）のに対し、不定向は移動の繰り返し（定期的に飛んでいる＝往復の繰り返し、毎日ジョギング＝走る行為の繰り返し）を表現します。бежáть, летéтьは33ページで紹介したидтиのように、「時が駆け抜ける、飛ぶ」という表現でも使われます。

Как бы́стро бежи́т/лети́т врéмя!　　時が過ぎるのはなんて速いの！

　だんだん慣れてきましたね。慣れてきたところでステップアップ！

2 接頭辞のついた移動の動詞

　ロシア語は、基本の動詞にさまざまな接頭辞をつけて豊かな表現を形成します。学習者には悩ましいのですが、移動の動詞に接頭辞がつくと、動詞の体にも影響してきます。どういうことかと言うと、これまで紹介した移動の動詞はすべて不完了体で、同じ接頭辞がつくと、定向動詞は完了体に、不定向動詞は不完了体の動詞となります。（ただし、接頭辞по-がついた移動の動詞はすべて完了体です）。接頭辞のついた移動の動詞は、定向、不定向の区別がなくなります。ここでは「到着する、やってくる」という意味を持つ接頭辞при-の例を見てみましょう。

при＋идти＝прийти

Вчера́ он пришёл домо́й по́здно.

昨日、彼は遅く帰ってきた。（完了体）

при＋ходи́ть＝приходи́ть

Он всегда́ приходи́л домо́й по́здно.

彼はいつも遅く帰ってきていた。（不完了体）

при＋е́хать＝прие́хать

Я прие́хала в Москву́!

モスクワに着いた！（完了体）

при＋е́здить＝приезжа́ть

Она́ всегда́ приезжа́ла во́время.

彼女はいつも時間どおりに来ていた。（不完了体）

　идти́に接頭辞がつくとдが取れて-йтиというつづりになります（пойти́, прийти́など）。また、е́здитьに接頭辞がつくと、-езжа́тьという形になります（съе́здить［完了体］以外）。

　再び完了体、不完了体が出てきましたね。でも、大丈夫。動詞の体の持つ意味を思い出してください。完了体は「動作の結果が出る」、不完了体は「行為が繰り返される、プロセス」などの場合に用いることを忘れないようにしましょう。

寄り道コラム　モスクワのメトロとターミナル駅

　知らない街を訪れたら、街の公共交通機関を利用してみましょう。モスクワではなんと言ってもメトロが便利です。毎年のように新駅が増え、路線図は日本の地下鉄（＋山手線）のよう。路線はシンボルカラーで色分けされています。

　モスクワで最初の路線が開通したのはスターリン統治下の1935年5月のことです。第2次世界大戦時には防空壕として使われたこともあり、地下深くエスカレーターで降りていくと、そこは異次元の世界。駅によってさまざまなスタイルを誇り、今や人気のフォトスポットとなっています。その中から、訪れてみたい駅をいくつか紹介します。ステンドグラスが飾られているノヴォスラボーツカヤ駅（Новослобóдская）、モザイク画（5号線）とフラスコ画（8号線）で彩られているキエフスカヤ駅（Кúевская）、レモンイエローの天井をモザイク画が彩り、シャンデリアが照らす、まさに宮殿を思わせるコムソモーリスカヤ駅（Комсомóльская）、そしていくつもの銅像が置かれている革命広場駅（Плóщадь Револю́ции）。ここの警備隊と犬の銅像は、犬の鼻の色が薄くなっています。人々が願いを込めて犬の鼻に触るからです。他には……あげるときがありません。実際に訪れてお気に入りの駅を見つけてみましょう。メトロでは磁気カード、あるいは交通系ICカード「トロイカ」を使用します。料金は隣駅で降りても終点まで行っても同一料金です。

　「駅」というロシア語にはстáнцияの他にвокзáлがあります。вокзáлは「長距離列車が発着するターミナル駅」を指します。вокзáлはモスクワには9駅あり、行き先の街の名前がつけられています。例えば、カザン方面への列車が発着するカザン駅、キエフ方面行きの列車が発着するキエフ駅、そしてサンクト・ペテルブルグ方面へはレニングラード駅（ソ連時代の旧称）。ここから出発する列車はサンクト・ペテルブルグのモスクワ駅に到着します。ちょっと不思議な気がしますが、モスクワにはモスクワ駅がなく、サンクト・ペテルブルグにもサンクト・ペテルブルグ駅がありません。東京には東京駅がありますけどね。

第 10 課 接頭辞のついた移動の動詞

Вы выхо́дите на сле́дующей? 🔊 17

- -

В метро́

Объявле́ние в ваго́не:

> **«Ста́нция «Библиоте́ка и́мени Ле́нина». Перехо́д на ста́нции «Алекса́ндровский сад», «Борови́цкая» и «Арба́тская». Осторо́жно, две́ри закрыва́ются! Сле́дующая ста́нция «Охо́тный ряд».**

Кото: **Прое́хали «Библиоте́ку и́мени Ле́нина», моя́ ста́нция сле́дующая.**

Извини́те, вы выхо́дите на сле́дующей?

Пассажи́р: **Нет, не выхожу́. Проходи́те, пожа́луйста.**

Кото: **Спаси́бо!**

- -

単語

объявле́ние アナウンス ваго́н 車両 перехо́д 移動 «Библиоте́ка и́мени Ле́нина», «Алекса́ндровский сад», «Борови́цкая», «Арба́тская», «Охо́тный ряд» いずれもモスクワにある地下鉄駅の名称 осторо́жно 気をつけて（副詞） две́ри → дверь ドア закрыва́ются → закрыва́ться 閉じる сле́дующая 次の прое́хали → прое́хать 通る извини́те → извини́ть 「許す」の命令形 выхо́дите, выхожу́ → выходи́ть 出る、降りる пассажи́р 乗客 нет いいえ проходи́те → проходи́ть 「通る」の命令形

42

メトロで

車内のアナウンス：

「レーニン記念図書館駅」です。「アレクサンドルフスキー庭園駅」、
「ボロヴィッツカヤ駅」、「アルバーツカヤ駅」へ移動できます。
お気をつけください、ドアが閉まります！　次の駅は「アホート
ヌィ・リャート」です。

琴：　「レーニン記念図書館駅」を過ぎたから、降りる駅は次ね。
すみません、次で降りますか？

乗客：いいえ、降りません。どうぞ通ってください。

琴：　ありがとう！

接頭辞のついた移動の動詞　в-、вы-、про-、пере-

　地下鉄に乗りました。これまで学んだ移動の動詞に、どの場面でどんな
接頭辞がついているのかに注目してみましょう。

в-(во-)「（～の中へ）入る」

　ход「歩み」にв-がつくвходは「入口」です。メトロの入口付近ではнет
вхóда「入口ではありません」を目にすることがありますが、この表示が
あったら入れないのでご注意を。移動の動詞（歩いて行く）にこの接頭辞
がつくとвходи́ть（不完）войти́（完）で、「～の中に行く、入る」。「～へ」
は前置詞в/на＋対格形となります。

Она́ вошла́ в ко́мнату.　　彼女は部屋に入った。

вы-「出る」

　вы́ходは「出口」。移動の動詞（歩いて行く）にこの接頭辞がつくと
выходи́ть（不完）вы́йти（完）で「出る」。「～へ出る」という場合は前
置詞в/на＋対格形、「～から出る」の場合は前置詞из/с＋生格形となりま
す。

Мы вы́шли из ко́мнаты.　　私たちは部屋から出た。

　テキストではВы выхо́дите на сле́дующей? という表現を使っています
ね。ロシアでは降りる駅に着く少し前に、降りる準備をする人が多いかも

しれません。この表現をよく耳にするからです。降りる場合は Да, выхожу́.
降りない場合は Нет, не выхожу́. という答えが返ってきて通る場所をあけ
てくれます。降車する際は勇気を出して聞いてみましょう。

про- 「～を通って、通過」
Прое́хали «Библиоте́ку и́мени Ле́нина».
レーニン記念図書館駅を通過した。

　「～を」は対格なので、библиоте́каがбиблиоте́куとなっています。
Проходи́те, пожа́луйста.　　通ってください。

　次の駅で降りたい人に場所をあける場合や、家を訪ねてきた人を招き入
れる場合などでも使われる表現です。

пере- 「ある場所（側）から別な場所（側）への移動」
　ходにпере-がつく**перехо́д**は「移動用の通路や横断歩道」を表します。
переходи́тьは「移動する、横切る、渡る」です。
Перехо́дим?　　（あちら側へ）渡る？

　ロシアでも一つの駅に複数の路線が乗り入れている駅があります。別の
路線への移動は、перехо́дの矢印に従って行くとスムーズに行けます。な
お、「乗り換え」はпереса́дка、「乗り換える」はде́лать **переса́дку**です。

　メトロに何度か乗ると車内アナウンスが聞き取れるようになります。テ
キストにあげてあるアナウンス以外もいろいろありますので、注意して聞
いてみるのも楽しいですね。次のような注意喚起のアナウンスが聞き取れ
るようになると安心です。

**Уважа́емые пассажи́ры, при вы́ходе из ваго́на не забыва́йте свои́
ве́щи!**
お降りの際には、お忘れ物のないようにご注意ください。

単語

уважа́емые пассажи́ры　乗客のみなさん　　при＋前置格　〜の際には

забыва́йте→ забыва́ть「忘れる」の命令形　　свой → свой「自分の」

の複数形　ве́щи →вещь「物」の複数形

交通チケットの単語

«Еди́ный»　共通チケット（メトロ、バス、モノレール、トラムに使える）

пое́здка　1回乗車　ка́рта «Тро́йка»「トロイカ」カード（日本の交通系
ICカードのようなもの、モスクワ市で流通）

попо́лнить ка́рту　チャージする（チャージという名詞はпополне́ние）

ワンポイントプラス　Две́ри закрыва́ются

　ロシア語の動詞の不定形は-ть, -чь, -тиで終わりますが、その後ろに-ся
（-сь）のつく動詞もあります。それを便宜的に-ся動詞と言っています。-ся
動詞の役割はいくつかありますが、その一つに自動詞があります。次の例
文を見てみましょう。

Он закрыва́ет дверь.　　彼はドアを閉じる。

Дверь закрыва́ется.　　ドアは閉じます（閉じるところだ）。

закрыва́ть →「何か」を閉じる（他動詞＝動作や作用が及ぶ対象を持つ）。
закрыва́ться →「何か」が閉じる（自動詞＝動作や作用が及ぶ対象がない）。
　つまり、自動詞の-ся動詞は直接目的語を必要としません。

　これでまた一歩ロシア語の歩みを進めました。地道に歩むことで、そう、
Мир ру́сского языка́ шаг за ша́гом открыва́ется пе́ред все́ми!
皆さんの前で少しずつロシア語の世界が開いていくのです！
открыва́ть　→「何か」を開く
открыва́ться →「何か」が開く

道のたずね方

第 11 課

Как пройти́ в Кремль?

🔊 18

На Тверско́й у́лице

Оо, кака́я широ́кая у́лица! Вон там Воскресе́нские воро́та. Э́то вход на Кра́сную пло́щадь. Как краси́во! Пря́мо – Собо́р Васи́лия Блаже́нного, на ле́вой стороне́ – ГУМ, как дворе́ц, а там, спра́ва – Мавзоле́й Ле́нина... На́до сфотографи́ровать. А где вход в Кремль? Э́то Кремль, но как войти́?

Кото:	Скажи́те, пожа́луйста, как войти́ в Кремль?
Мужчи́на:	Вам ну́жно купи́ть биле́т.
Кото:	А как пройти́ к ка́ссе?
Мужчи́на:	Иди́те пря́мо, вы́йдите из воро́т – поверни́те нале́во, иди́те по у́лочке, пото́м ещё раз нале́во. Там ка́сса.
Кото:	Спаси́бо!
Мужчи́на:	Пожа́луйста.

46

単語

Тверска́я у́лица　トヴェルスカヤ通り　**широ́кая**　広い

Воскресе́нские воро́та　ヴァスクレセンスキー門（復活門）。（門は常に複数

で用いられる）　**Кра́сная пло́щадь**　赤の広場　**пря́мо**　まっすぐに

Собо́р Васи́лия Блаже́нного　聖ワシリー寺院　**ле́вой стороне́** →

ле́вая сторона́　左側　**ГУМ**　グム（デパート）　**как**　〜のように

дворе́ц　宮殿　**Мавзоле́й Ле́нина**　レーニン廟　**сфотографи́ровать**

写真を撮る　**где**　どこに　**биле́т**　チケット　**ка́сса**　チケット売り場

иди́те → **идти́**の命令形　**поверни́те** → **поверну́ть**　「曲がる」の命令形

нале́во　左へ　**у́лочке** → **у́лочка**　小径　**пото́м**　それから　**ещё**

раз　もう一度

トヴェルスカヤ通りで

　わあ、なんて広い通り！　あそこにあるのがヴァスクレセンスキー門だ
わ。赤の広場への入口ね。なんてきれい！　正面にあるのが──聖ワシ
リー寺院、左側にあるのが──宮殿みたいなグム百貨店、あそこの右側
に──レーニン廟があるわ……。写真を撮らないと。でも、クレムリン
の入口はどこかな？　これがクレムリンだけど、どうやって入るんだろ
う？

琴：　すみません、クレムリンへはどうやって入ったらいいんでしょうか？
男性：チケットを買わないといけませんよ。
琴：　チケット売り場へはどう行けばいいですか？
男性：まっすぐに行って、門を出たら──左に曲がって、小径に沿って進
　　　んで、さらに左に行ってください。そこがチケット売り場です。
琴：　ありがとう！
男性：どういたしまして。

道をたずねる

　目的の駅で降りたら外へ出ましょう。Вы́ход в го́род は、街への出口で
す。на Кра́сную пло́щадь「赤の広場へ」、«ГУМ»「グム百貨店」と書か
れてある方へ行きます。地上に出たら、クレムリンへの行き方をたずねて
みましょう。

Как пройти́ к＋与格（в/на＋対格）?

接頭辞про-の持つ意味は第10課で紹介しましたが、その他「（かたわらを）通って〜へ行く」という意味でも使います。行先はк＋与格、あるいはв/на＋対格を使います。

Как пройти́ к Кремлю́（в Кремль）?

ただし、к Кремлю́は、クレムリンの近くまで行く、в Кремльはクレムリンの中に入るというニュアンスがあります。

Как дойти́ до＋生格?

前置詞доは「〜まで」という意味を持っており、дойти́「〜まで行く」の後に置きます。行先はдоの後に生格形にして続けます。

Как дойти́ до Кремля́?

Как попа́сть в/на＋対格、к＋与格?

попа́стьはもともと「〜にあたる」という意味ですが、「行きあたる」の意味でも使われます。

Как попа́сть в Кремль?

以上はいずれも疑問詞как＋動詞の不定形の表現で、行く主体「私」を入れる場合には、与格мнеを使うのでしたね（37ページ参照）。

その他、場所や方向をたずねる場合の疑問詞をあげておきます。

Где? （存在）場所をたずねる

Где здесь ближа́йшая ста́нция метро́?

この辺でメトロの最寄り駅はどこですか？

Куда́? 方向（行先）をたずねる

На остано́вку авто́буса куда́ мне идти́?

バス停へはどちらに行ったらいいですか？

想定される返事

道をたずねると返事が返ってきます。ただ、言われたことが理解できない、聞き取れないことは往々にしてあります。好意を無にしないために予習をして備えましょう。

Иди́те пря́мо, пото́м нале́во.　　まっすぐ行って、左へ曲がってください。

Иди́те до перекрёстка, пото́м напра́во.

交差点まで行って、それから右折してください。

Э́то ря́дом с магази́ном.　　それはお店の隣です。

　иди́те「行ってください」の後には方向などを示す語が続きます。また、単にря́дом с＋造格のように場所を示す語が返ってくる場合もあります。

単語

напра́во　右へ　　до светофо́ра　信号機まで　　до перекрёстка　交差点まで　　ми́мо＋生格　〜の脇を過ぎて　　ря́дом с＋造格　〜の隣に　　напро́тив＋生格　〜の向かい側に　　пе́ред＋造格　〜の前に　　ме́жду＋造格　〜の間に

　次のような返事が返ってくる場合もあります。

Извини́те, я не зна́ю.　　すみません、知りません。

Извини́те, я то́же здесь впервы́е.　　すみません、私もここは初めてです。

ワンポイントプラス　　人に呼びかける表現、何かをたずねる場合の表現

　誰かに何かをたずねたり頼む場合、日本語で「すみません」に相当するロシア語の表現をいくつか紹介します。

Бу́дьте добры́!　Бу́дьте любе́зны!

　Бу́дьтеはбытьのвыに対する命令形です。直訳は「親切にしてください」ですが、店員に呼びかけたり、何かを頼む場合に使う表現です。

Скажи́те, пожа́луйста, ...

　Скажи́теはсказа́ть（скажу́, ска́жешь...）「言う」の命令形です。直訳は「言ってください」で、何かを聞きたい場合に言います。

Покажи́те, пожа́луйста, ...

　Покажи́теはпоказа́ть（покажу́, пока́жешь...）「見せる」の命令形で、何かを見せてほしい場合に言います。

1) ⅠとⅡにあげた語のうちのどちらかを選び、適切な形にして（　　）
内に入れましょう。

Ⅰ идти́, ходи́ть

① Куда́ вы （　　　　　） сейча́с? ― Я （　　　　　） домо́й.

② Ваш сын уже́ （　　　　　） ? ― Нет, ему́ то́лько 5 ме́сяцев.

③ Куда́ ты （　　　　） вчера́, Оле́г? ― Вчера́ я （　　　　　） в
библиоте́ку.

Ⅱ е́хать, е́здить

④ Гости́ница далеко́. Вам на́до （　　　　　） на метро́.

⑤ Вчера́ вы （　　　　） во Влади́мир? ― Нет, я был за́нят.

⑥ Кто э́то （　　　　） на маши́не? ― Э́то мой па́па.

2) ①から⑤の質問の答えを a）〜д）から選びましょう。

① Скажи́те, пожа́луйста, как пройти́ к Большо́му теа́тру?

② Кака́я э́то ста́нция?

③ Вы выхо́дите на сле́дующей?

④ Скажи́те, пожа́луйста, как дое́хать до Ленингра́дского вокза́ла?

⑤ Скажи́те, пожа́луйста, где мне выходи́ть? Мне ну́жен Храм Христа́
Спаси́теля.

а) Э́то ста́нция «Кузне́цкий мост».

б) Выходи́те на ста́нции «Кропо́ткинская».

в) Иди́те пря́мо, пото́м нале́во.

г) Да, я выхожу́.

д) Дое́дете до ста́нции метро́ «Комсомо́льская», там выходи́те.

3) 次のロシア語の質問にロシア語で答えてみましょう。

① Како́й тра́нспорт хо́дит по ва́шей у́лице?

② В ва́шем го́роде есть метро́?

③ Вы ча́сто е́здите на метро́?

④ Вы на рабо́ту е́здите и́ли хо́дите пешко́м?

⑤ Как вы е́здите на рабо́ту?

解答

1）①идёте, иду́　②хо́дит　③ходи́л, ходи́л　④е́хать　⑤е́здили　⑥е́дет

①今の行先をたずねているので定向、答えも家への定向。
②子供がもう（一般的に）歩けるのかたずねているので不定向。
③どこへ「行ってきた」かたずねているので不定向。答えも同じ。
④一定の方向へ向かうので定向（乗り物で）。на́доの後の動詞は不定形。
⑤昨日ウラジーミル（モスクワから車で4時間ほどの有名な観光地）へ行ってきた
　かたずねているので不定向。за́нят「忙しい」は述語（она́ за́нята, оно́ за́нято,
　они́ за́няты）。過去形はбытьを主語に合わせた形にします。
⑥一定方向へ車で行っているところを見ての質問なので定向。

2）①－в）　②－а）　③－г）　④－д）　⑤－б）
⑤のХрам Христа́ Спаси́теляは、救世主ハリストス大聖堂。

3）以下は解答例です。
①По на́шей у́лице хо́дят авто́бусы, е́здят маши́ны и мотоци́клы.
②Да, есть. / Нет, в на́шем го́роде нет метро́.
③Да, я ча́сто е́зжу на метро́. / Нет, я не е́зжу на метро́. / Нет, я ре́дко е́зжу на
　метро́.
④На рабо́ту я е́зжу. / На рабо́ту я хожу́ пешко́м.
⑤На рабо́ту я е́зжу на метро́ (на маши́не, на авто́бусе, на велосипе́де).

①街中をどんな乗り物が通っているかたずねているので、交通手段を答えます。こ
　こではバス、自動車、バイクをあげてみました。
②存在しないものは生格形で表現しますが、外来語由来のметро́は格変化しません。
③3番目の文のようにча́сто「頻繁に」の対義語ре́дко「まれに」を使って答える
　こともできます。「あまりメトロでは行きません」
④пешко́мは「徒歩で、歩いて」を表す副詞です。
⑤交通機関を使う表現は前置詞на＋交通機関を前置格形にします。

第 12 課 -овать,-авать動詞/道具としての造格/不定人称文

Что вы порекоменду́ете? 🔊 19

В грузи́нском рестора́не

Официа́нт: Здра́вствуйте! Вы гото́вы сде́лать зака́з?

Кото: Здра́вствуйте! Я пе́рвый раз про́бую грузи́нскую ку́хню. Что вы порекоменду́ете?

Официа́нт: На́ши фи́рменные блю́да – хачапу́ри, аджапсанда́ли и хинка́ли. О́чень вку́сные!

Кото: Тогда́ хачапу́ри, аджапсанда́ли и хинка́ли, пожа́луйста.

...

Официа́нт: Вот пожа́луйста. Хинка́ли едят рука́ми. Прия́тного аппети́та!

Кото: Спаси́бо! О, вку́сно!

...

Кото: Мне понра́вилась грузи́нская ку́хня! Бы́ло вку́сно!

Официа́нт: Приходи́те ещё!

単語

грузи́нском → грузи́нский　ジョージアの　рестора́не → рестора́н
レストラン　гото́вы[*]（複数形が主語の場合の形）〜の用意がある、準備できて
いる　зака́з　注文　пе́рвый раз　初めて（пе́рвый 第1の　раз ⊙）
про́бую → про́бовать　試す　порекоменду́ете → порекомендова́ть
すすめる　фи́рменные блю́да　おすすめメニュー　тогда́　それでは、
じゃあ　рука́ми → рука́の複数造格形　手　прия́тного аппети́та!
おいしく召し上がれ！　понра́вилась → понра́виться　気に入る
приходи́те → приходи́ть　来る

[*] 単数形が主語の場合は次のとおり。Он гото́в. Она гото́ва.

ジョージア料理屋で
ウェイター：こんにちは！　ご注文はお決まりですか？
琴：　　　こんにちは！　ジョージア料理は初めてなんです。おすすめ
　　　　　はありますか？
ウェイター：おすすめ料理は——ハチャプリ、アジャプサンダリとヒンカリ
　　　　　です。おいしいですよ！
琴：　　　では、ハチャプリ、アジャプサンダリとヒンカリをお願いし
　　　　　ます。
　（間）
ウェイター：どうぞ。ヒンカリは手で食べますよ。おいしく召し上がれ！
琴：　　　ありがとう！　わあ、おいしい！
　（間）
琴：　　　ジョージア料理が気に入りました！　おいしかったです！
ウェイター：また来てくださいね！

　　たくさん歩くと、お腹もすいてきます。ロシアは多民族国家なので、ロ
シア料理以外も人気です。今回はジョージア料理にしてみました。ジョー
ジア料理は香草やスパイスをふんだんに使うのが特徴です。

　　хачапу́риはチーズ入りのパン（地方によっては卵をのせたものもあり）、
аджапсанда́лиはジョージア版ラタトゥーユ（ナスなどの野菜をトマト味
で煮込んだもの）、хинка́лиは小籠包を大きくしたような料理です。その

他にもおいしい料理はたくさんありますが、若いクルミを甘く煮たデザートはおすすめです。

　まずここでは、特殊変化の動詞を二つ覚えましょう。動詞の中には、-оватьで終わるものと、-аватьで終わるものがあります。

-овать, -авать 動詞の現在人称変化

人称	порекомендова́ть	встава́ть
я	порекоменду́ю	встаю́
ты	порекоменду́ешь	встаёшь
он	порекоменду́ет	встаёт
мы	порекоменду́ем	встаём
вы	порекоменду́ете	встаёте
они́	порекоменду́ют	встаю́т

　-овать（-евать）動詞は、-овать（-евать）を取り、その代わり母音-y-を入れて、後は第1変化です。テキストにはпопро́бовать も出ていますが、活用はもうお手の物ですね。

　-авать動詞は-ватьを取って第1変化ですが、アクセントが語尾にあるので eがёとなるところに注意しましょう。

道具、手段を表現する造格

　以前取り上げた造格は、前置詞cと結びついて「～とともに、～を添えた」という表現でした。前置詞のない造格は道具や手段を表します。ここでは、Хинка́ли едя́т рука́ми.「ヒンカリは手で食べる」という文章で使われているように、「手で、手を使って」の部分を造格で表します。рука́миはрука́の複数造格の形です。

不定人称文

Хинка́ли едя́т рука́ми.

едя́тは不定形естьの они́ が主語の形です。хинка́лиは主語ではなく直接目的語です。この文では主語の они́ が省略されており、直訳すると、「ヒンカリを人は手で食べます」という文章になります。主語が特定の誰かを意図しない場合、動詞を они́ が主語の形で用いて、主語を省略するという構文があります。これを不定人称文と言います（主語は不特定という意味です）。ただ、皆さんはもうこの構文を知っていますよ。第2課で学んだ名前を名乗る表現を思い出しましょう。

Меня́ зову́т Ма́ша.　　　私はマーシャと言います。

меня́は я の対格なので「私を」、зову́тはзвать「呼ぶ」の они́ が主語の形なので、直訳すると「人は私をマーシャと呼びます」。この場合も они́ は特定の誰かを指しません。

ワンポイントプラス　　　**Прия́тного аппети́та!**

Прия́тного аппети́та!を直訳すると「よい食欲を願っています（＝Я жела́ю прия́тного аппети́та）жела́тьは願うもの（こと）を生格形で表現します。何かを誰かに願う（祈る）場合に用いる表現ですが、多くの場合、Я жела́юを省略し生格形だけで表現することが一般的です。

Всего́ хоро́шего!　　　ごきげんよう！（すべてよいことがありますように）

Споко́йной но́чи!　　　おやすみなさい！（静かな夜を）

Уда́чи вам!　　　がんばって！（あなたに成功を）

Сча́стья вам!　　　幸せに！（あなたに幸せがありますように）

もちろん、旅に関する表現もあります。

Счастли́вого пути́!　　　幸せな旅を！（旅に出かける人に向かって）

このように声をかけられたら、次のように返します。

Счастли́во остава́ться!　　　幸せでいてください！（残る人に向かって）

いつか言ってみたいすてきな言葉ですね。

第 13 課　値段のたずね方/比較級・最上級

А мо́жно деше́вле?　🔊 20

На ры́нок Верниса́ж на́до е́хать до ста́нции метро́ «Партиза́нская». От мое́й ста́нции не на́до де́лать переса́дку.

....

Прие́хала. Как здесь мно́го сувени́ров! Хочу́ купи́ть матрёшку. Та матрёшка краси́вая, но э́та – краси́вее, чем та.

Кото:	Скажи́те, ско́лько сто́ит э́та матрёшка?
Продаве́ц:	900 рубле́й. Э́то са́мая краси́вая у меня́.
Кото:	900 рубле́й... до́рого. А мо́жно деше́вле?
Продаве́ц:	Тогда́ 800 рубле́й.
Кото:	750 рубле́й, пожа́луйста!
Продаве́ц:	Хорошо́. Договори́лись.
Кото:	Огро́мное спаси́бо!

単語

рынок 市場　от＋生格 〜から　сувениров → сувенир 土産品
（сувениров は複数生格形、много の後にくる名詞は、数えられるものなら複数
生格形、数えられない名詞は単数生格形になる）　хочу → хотеть* 〜したい、
〜がほしい　матрёшку → матрёшка マトリョーシカ　красивее →
красивый の比較級　сколько（数量をたずねる疑問詞）　стоит → стоить
値がする　продавец 店員　рублей → рубль 「ルーブル」の複数生格
形　самая 最も　дорого 高価だ　дешевле → дешёвый 「安価
な」の比較級　договорились → договориться 話がまとまる、決まる
огромное 巨大な

* хотите → хотеть, хочу, хочешь, хочет, хотим, хотите, хотят

　ヴェルニサージ市場へは「パルチザンスカヤ駅」まで行かないと。私
の乗る駅からは乗り換えなくてもいいわ。
（間）
　着いた。ここにはたくさん土産物があるわ！　マトリョーシカを買い
たいの。あのマトリョーシカはきれい、でもこっちは——あれよりきれ
いだわ。

琴：　すみません、このマトリョーシカはいくらですか？
店員：900ルーブルです。これはうちでは一番きれいなんですよ。
琴：　900ルーブル……高いわ。もう少し安くなりませんか？
店員：じゃあ、800ルーブルでは。
琴：　750ルーブルにしてください！
店員：わかりました。決まりです。
琴：　どうもありがとう！

　おいしいランチを食べた後はお土産を買わないと。青空市場（蚤の市）
Вернисаж へ行ってみましょうか。おとぎの国のような建物が特徴的な
Вернисаж では「これぞロシア！」という一品を見つけられるかもしれま
せん。ここでは買い物に使う表現を見てみましょう。

値段をたずねる表現

　値段をたずねる表現はСко́лько э́то сто́ит?「これはいくらですか？」です。ско́лькоは、数量をたずねる疑問詞で、сто́итは、сто́ить「値段がする」のэ́то「これ（単数）」が主語の形です（第2変化）。主語が複数の場合はсто́ятです。

Ско́лько сто́ят э́ти перча́тки?　　この手袋（複数）はいくらですか？

形容詞、副詞の比較級

　「より〜な、より〜だ」という何かを比べる場合の表現です。

合成形

　бо́лее（「より多く」、反対語はме́нее「より少なく」）＋形容詞、副詞

　形容詞（名詞を修飾する場合も述語で用いる場合も）や副詞の前にбо́лее/ме́нееを置きます。

Э́то бо́лее краси́вая матрёшка.

これはもっときれいなマトリョーシカです。

Э́та матрёшка бо́лее краси́вая.

このマトリョーシカはもっときれいです。

単一形

　述語として用いる形容詞と副詞は、бо́лееを使わず、語尾を少し変えると比較級の形をつくることができます。形を見てみましょう。

比較級の形

краси́вый（形容詞）, краси́во（副詞）	→ краси́вее	よりきれいだ
удо́бный, удо́бно	→ удо́бнее	より便利だ

　形容詞、副詞の語尾を取って-ееをつけると比較級の形になります。вку́сный, вку́сноの比較級の形はвкусне́еです。アクセントの位置が変わっていますね。単語によってはアクセントの位置が変わるものもあります。これが規則的な比較級の形です。不規則な形の比較級もあります。よく使

われる単語をあげておきます。

большо́й, мно́го	大きい、多い	→ бо́льше
ма́ленький, ма́ло	小さい、少ない	→ ме́ньше
хоро́ший, хорошо́	よい	→ лу́чше
плохо́й, пло́хо	悪い	→ ху́же
дешёвый, дёшево	安い（安価な）	→ деше́вле
дорого́й, до́рого	高い（高価な）	→ доро́же

比較する場合の表現

では、実際に比べてみましょう。表現は二つあります。

①比較級の形＋, чем～

形容詞、副詞の比較級の形の後に、コンマを打ち、чемと続け、比較する対象を主格にします。

Росси́я бо́льше, чем Япо́ния.　　ロシアは日本よりも大きい。

②比較する対象を生格で表す

コンマもчемも用いず、比較する対象を生格形で表します。

Росси́я бо́льше Япо́нии.　（Япо́нииはЯпо́нияの生格形）

最上級

са́мый「最も」を形容詞の前に置き、性と数、格に合わせます。

Я купи́ла у него́ са́мую краси́вую матрёшку.

私は彼のところで一番きれいなマトリョーシカを買った。（対格）

ワンポイントプラス　　　　比較級の表現で最上を表す

比較の表現を用い、最上の意味を表すことができます。

Бо́льше всего́ я люблю́ моро́женое.

私はアイスクリームが何よりも好き（一番好き）。

бо́льшеはмно́го「より多く」の比較級で、всего́はвсё「すべてのもの」の生格形ですから、直訳すると「すべてのものよりも好き」＝何よりも好き、一番好きという最上を表す表現です。

第 14 課 数字を使った表現/時間の表現

Кото́рый сейча́с час?   🔊 21

Интере́сно ходи́ть по ры́нку и смотре́ть на ра́зные сувени́ры. Вот ру́сские матрёшки, самова́ры, традицио́нные ру́сские платки́, подно́сы и посу́да. Я купи́ла одну́ матрёшку, две ча́шки и оди́н плато́к. О́чень дово́льна.

Я до́лго ходи́ла по ры́нку. Кото́рый сейча́с час? Ой, 7 часо́в! Я здесь уже́ 2 часа́! Как бы́стро лети́т вре́мя! Пора́ в гости́ницу. За́втра я е́ду в Петербу́рг, на́до упакова́ть ве́щи.

単語

ра́зные さまざまな、いろいろな   самова́р サモワール（湯沸かし器）
традицио́нные 伝統的な   платки́* ショール   подно́сы トレイ
посу́да 食器   ча́шки （複数形。単数形はча́шка）ティーカップ
дово́льна（он дово́лен, оно́ дово́льно, они́ дово́льны）満足だ（女性が主語の形）   кото́рый сейча́с час? 今、何時?   кото́рый 何番目の   час 時間   ой あら、まあ   уже́ もう、すでに   упакова́ть 荷造りをする

---

*複数形。単数形はплато́к。複数形や格変化をすると、最後から2番目の母音 о が脱落します。同様に、「ピロシキ」も、単数形はпирожо́к、複数形は пирожки́ です。

60

　市場を歩き、いろんなお土産品を見るのはおもしろいな。ここにはロシアのマトリョーシカやサモワール、ロシアの伝統的なショールやトレイや食器があるわ。マトリョーシカ一つ、ティーカップ二つとショールを1枚買った。満足。

　長い間お店を歩き回っちゃった。今、何時かな？　あら、7時！　ここに2時間もいたのね！　時間が過ぎるのって速い！　ホテルに帰る頃ね。明日はサンクト・ペテルブルグへ行くんだもの、荷造りしなきゃ。

　琴は、お土産を買ったり、店員と話をしたりしてお店をめぐって長い時間を過ごしたようです。今、何時でしょうか。数字と結びついた表現は、この課以前にもいくつか出てきましたが、ここでまとめてみましょう。扱う数字は個数詞です。

数字と名詞の結びつき
　ロシア語では、結びつく数字によってその後の名詞の形が異なります。具体的に見ていきましょう。

① 1と結びつく名詞は単数主格形です。1は名詞の性・数に応じて形が四つあります。

оди́н час	1時間、1時
одна́ мину́та	1分
одно́ окно́	一つの窓
одни́ очки́	一つのめがね（めがねは常に複数で用いられます）

② 2, 3, 4と結びつく名詞は単数生格形です（2は形が二つあるので注意）。

два＋男性名詞	два часа́, три часа́, четы́ре часа́
中性名詞	два окна́, три окна́, четы́ре окна́
две＋女性名詞	две мину́ты, три мину́ты, четы́ре мину́ты

③5以上の数字と結びつく名詞は複数生格形です。

семь часо́в	7時（子音で終わる час ＋ -ов）
три́дцать мину́т	30分（-a を取る）
девятьсо́т рубле́й	900ルーブル（рубль の -ь の代わりに -ей）

複数生格の形は巻末の変化表を参照してください。

21以降は最後の桁（けた）の数に合わせて上記の規則が適用されます。どんなに大きな数字でも、名詞の形は最後の桁で決まりますので、注意しましょう。

У меня́ 12 681（двена́дцать ты́сяч шестьсо́т во́семьдесят оди́н）**рубль.**
私は1万2681ルーブル持っています。

1万2千は、ты́сяча（千）が12あるので複数生格形の ты́сяч を用い、最後の桁は оди́н なので単数主格形の рубль を用います。ロシア語には「万」という単位はないのでご注意を。数量をたずねる疑問詞は ско́лько です。

次に時間の表現を見てみましょう。

時間の表現

Кото́рый сейча́с час?
Ско́лько сейча́с вре́мени? 　　今、何時ですか？

いずれも現在（сейчас）の時間をたずねる表現です。答え方は日本語のように「〜時（час）〜分（мину́та）」と答えます。

Сейча́с три часа́ со́рок три мину́ты　　今、3時43分です。

テキストに出ている **Я здесь уже́ 2 часа́** のように、2 часа́ は期間（2時間）を表す場合もあります。

時間を表す場合、24時間制で表現することも、12時間制で表現することもあります。12時間制の場合、誤解を招かないように、у́тро「朝（午前）」ве́чер「夕方」を生格形にして時間の後に置くこともあります。

—Когда́ мы встре́тимся?　　何時に会う？
　　　　　　　　　　　　　　　　встре́титься　会う
—Дава́й в во́семь часо́в ве́чера.　　夕方8時にしようよ。

数字を含む対格

Я купи́ла одну́ матрёшку, две ча́шки, оди́н плато́к.

テキストに出てきた「私は〜を買った」という文ですね。買ったものは直接目的語ですから対格にします。買ったものは、одну́ матрёшку、две ча́шки、оди́н плато́кです。すべて対格形ですが、女性名詞単数とそれを修飾するодна́の語尾を変えること（-аを-уに）を意識しましょう。単数では、男性名詞不活動体оди́н плато́к、中性名詞одно́ окно́は変化しませんし、2以上の不活動体は変化しないのでご安心を。活動体は、名詞も結びつく数字も変化しますが、それは……これからの楽しみにとっておきましょう。

ワンポイントプラス раз, два, три!

日本語の「いち、に、さん」をロシア語で言う場合、「いち」にоди́нではなくраз（1回）を使い、раз, два, три!と言います。

「はい、写真を撮りますよ、раз, два, три, сыр!（いち、に、さん、チーズ!）」というふうに、ロシアでも写真を撮る時には「チーズ」と言います。使ってみましょう!

第 15 課 順序数詞（形容詞）の格変化

«Гранд-Экспресс» ужé стои́т на пя́том пути́  🔊 22

На Ленингра́дском вокза́ле

«Гранд-Экспресс» ужé стои́т на пя́том пути́. Вот он! Тако́й класси́ческий, краси́вый по́езд. Вот мой биле́т. «Проездно́й докуме́нт, по́езд... отправле́ние... год, число́, ме́сяц, часы́, мину́ты... ваго́н...» У меня́ восьмо́й ваго́н.

Проводни́к: Здра́вствуйте! Ваш биле́т и па́спорт, пожа́луйста.

Кото: До́брый ве́чер! Вот, пожа́луйста, мой биле́т и па́спорт.

Проводни́к: Второ́е купе́, ме́сто тре́тье. Проходи́те, пожа́луйста.

Кото: Спаси́бо!

...

Кото: Отправле́ние в 23:40, прибы́тие в Пи́тер – в 8:36. Пое́хали!

単語

«Гранд-экспресс» グランド・エクスプレス号（列車の名称）　стоит →
стоять （立って）いる　пути → путь　道、線　такой（名詞や形容詞
を強調する働きをする）　класси́ческий　クラシックな　проездной
докумен́т　乗車チケット　отправле́ние　行先、出発　год　年
число́　日にち　ме́сяц　月　проводни́к　車掌　до́брый ве́чер!
こんばんは！　купе́　コンパートメント　ме́сто　席　прибы́тие　到着
Пи́тер　サンクト・ペテルブルグの愛称

レニングラード駅で
「グランド・エクスプレス号」はもう5番線にいるわ。ほらあれ！　ク
ラシックできれいな列車。私のチケットは、と。「乗車チケット、列車
番号……行先……年、日にち、月、時間、分……車両……」私は8号車
だわ。

車掌：こんにちは！　チケットとパスポートをお願いします。
琴：　こんばんは！　チケットとパスポートです。
車掌：2番のコンパートメントで、3番の席です。お入りください。
琴：　ありがとう！
　　（間）
琴：　23時40分発、ピーテルへは──8時36分着。出発だ！

　待ちに待った鉄道の旅です。レニングラード駅にはもうグランド・エ
クスプレス号が5番線に待機しています。赤と白とベージュの車体がレトロ
な感じです。車両の入口には車掌が待機しています。チケットを見て、ど
の車両か確認しましょう。車両番号は「〜番目の車両」というように順序
数詞が使われます。

順序数詞
　順序数詞は形容詞と同じように、名詞を修飾する働きをするので、形容
詞と同じ形の語尾になります。例を見てみましょう。

пя́тый путь, восьмо́й ваго́н	男性名詞を修飾
пе́рвая остано́вка	女性名詞を修飾
второ́е купе́, тре́тье ме́сто	中性名詞を修飾

　名詞を修飾する、ということは修飾する名詞と同様に格変化をするということです。以前出てきた на девя́том этаже́, на пя́том пути́は、いずれも男性名詞 эта́ж, путь が前置詞 на と結びついて前置格になっているため、順序数詞も前置格形の語尾 -ом になります。では、「8号車」восьмо́й ваго́н を「8号車に（で）」にすると（前置詞は в）……そうです、в восьмо́м ваго́не です。

　格変化の形は表で確認しましょう。形容詞も同じ変化形です。（男性形と中性形は主格と対格を除き同じ形です）

格	男性形	中性形	女性形	複数形
主格	пе́рвый	пе́рвое	пе́рвая	пе́рвые
生格	пе́рвого	пе́рвого	пе́рвой	пе́рвых
与格	пе́рвому	пе́рвому	пе́рвой	пе́рвым
対格	пе́рвый/пе́рвого	пе́рвое	пе́рвую	пе́рвые/пе́рвых
造格	пе́рвым	пе́рвым	пе́рвой	пе́рвыми
前置格	пе́рвом	пе́рвом	пе́рвой	пе́рвых

男性形、複数形の対格→不活動体／活動体

年と日にちの表現

　順序数詞を用いる代表的な例が、年と日にちの表現です（月の表現については第18課で学びます）。年は год（男性名詞）、日にちは число́（中性名詞）なので、名詞に形を合わせます。

две ты́сячи двадца́тый год	2020年（最後の桁のみ順序数詞）
пятна́дцатое число́	15日

　日にちや年をたずねる場合は疑問詞 како́й を用います。

Како́й год?	何年ですか？
— Две ты́сячи двадца́тый год.	2020年です。
Како́е сего́дня число́?	今日は何日ですか？
— Пятна́дцатое（число́）.	15日です。（число́はたいてい省略されます）

「〜日に」「〜年に」の表現はそれぞれ異なり、年の場合はв＋前置格形（順序数詞と年）に、日にちの場合は生格形にします。

в две ты́сячи двадца́том году́	2020年に（году́はгодの前置格形）
пятна́дцатого（числа́）	15日に

　少し難しかったでしょうか。数字関連の表現は難しいと感じる人が多いロシア語。これもまた醍醐味の一つです。

ワンポイントプラス　　Пое́хали!

　ロシア語では今まさに出発しようとしている時、「行くね、出るね」の意味で動詞пойти, пое́хать（接頭辞по-は始発を意味）を過去形で用いる表現があります。

Я пошла́.	行くね（出かけるね）。
Пое́хали.	行こう（出かけよう）。

　世界初の宇宙飛行士ユーリー・ガガーリンが出発の際に言った言葉がこのПое́хали! です。当時の流行語となりましたし、現在でもよく使われます。ガガーリンが言ったとされている「地球は青かった」は、ロシアでは知られていません。ロシア人にとってのガガーリンの言葉はПое́хали! なのです。さあ、彼にならって私たちもПое́хали!

寄り道コラム　グム百貨店と青空市場ヴェルニサーシ

　旅の楽しみの一つは現地でしか手に入らないお土産品を発見すること。モスクワへ行ったらぜひ訪れたい対照的な2つの場所をご紹介します。

　まずは、赤の広場に面した、宮殿かと見まごうばかりの建物、それがグム（ГУМ）百貨店です。ガラスのドーム屋根から陽光がふりそそぎ、開放的な吹き抜けが特徴的な百貨店は1893年に開店しました。まだロシア帝国だった頃のことです。当時ヨーロッパ一の規模を誇りましたが、革命後は政府に接収され、政府機関が置かれた時期もありました。それが新経済政策（ネップ）のはじまりとともに「Госуда́рственный Универса́льный Магази́н 国営デパート」として再出発します。この時から名称の頭文字を取ってグム（ГУМ）と呼ばれるようになり、服飾やレコードなど幅広い商品を扱う流行の発信地であり、モスクワ市民の誇りでした。当時からグムのアイスクリームはモスクワーと言われていました。ソ連崩壊後は「Госуда́рственный 国営の」が「Гла́вный 主要な」に代わりましたが、グムという呼び名はそのままです。今は世界的ハイブランドのショップとロシア製品（陶磁器や土産物など）が並び、スタイリッシュなカフェも多い、新生モスクワを象徴する高級デパートです。1階の食料品店では、生鮮食料品からスイーツ、惣菜まで売られていて、まるで日本のデパ地下のよう。入口近くで販売されているアイスクリームは今も変わらずモスクワーのおいしさと評判です。

　もう一つは青空市場のヴェルニサーシ。メトロの「パルチザンスカヤ」駅を出て徒歩5分くらいの所にある広大な青空市場で、カラフルなお城が目印です。30年ほど前に、ロシアの伝統工芸品を伝えようとモスクワ市の援助を受けて開設されました。マトリョーシカ、琥珀製品、ロシア製の陶磁器、ショールや、宇宙グッズ、木工品、毛糸製品、ミリタリーグッズ（危険物はないのでご安心を）、アンティークなどもあり、モスクワの蚤の市とも称されます。ここでは店員さんと値段交渉ができます。覚えたてのロシア語で交渉してみましょう。楽しい思い出がつくれるかも。なお、ヴェルニサーシでは平日よりも土日のほうが営業している店舗が多いとのこと、ご参考までに。

数詞を使う表現いくつか

年齢の表現

　数字を使うもう一つの表現をご紹介します。年齢の表現です。年齢不問の傾向がある昨今ではありますが、使う場面があるかもしれません。

　1年はгод、単数生格形はго́да、複数生格形はлетです。年齢は「誰々に〜年与えられている」という表現をします。「誰々に」というのは与格で表現しますから、「与格＋〜年」で年齢の表現となります。

Мне 21（два́дцать оди́н）год.　　私は21歳です。

　мнеはяの与格形、最後の桁<ruby>桁<rt>けた</rt></ruby>がоди́нなのでгод。

Мое́й ба́бушке 111（сто оди́ннадцать）лет.　私の祖母は111歳です。

　мое́й ба́бушкеはмоя́ ба́бушкаの与格形、最後の桁が1 оди́нではなく、11 оди́ннадцатьなので、летです。

　過去を表す場合はбы́ло、未来を表す場合はбу́детを添えます。

За́втра моему́ бра́ту бу́дет 8 лет.　明日、弟は8歳になる。
Тогда́ Ма́ше бы́ло 20 лет.　　その時マーシャは20歳だった。

　この表現は人間だけではなく、動物や建物（築〜年）、街の年齢（建都〜年）を表す場合にも用いられます。

Моему́ до́му 25 лет.　　私の家は築25年だ。
Э́тому го́роду 523 го́да.　この街ができて523年になる。

　年齢をたずねる場合は数量をたずねる疑問詞ско́лькоを使います。

Ско́лько вам лет?　　あなたは何歳ですか？

　Ско́лькоの後に続く名詞が数えられる場合は複数生格形です。годは数えられますからね。

時間の表現　　順序数詞を使う場合

　時間は、第14課で学んだ個数詞を用いる表現の他に、「〜番目の時間」という順序数詞を用いて表すこともできます。

　　　пе́рвый час　　　　→　1番目の時間（12時台、0時台）
　　　второ́й час　　　　→　2番目の時間（1時台）
　　　…
　　　двена́дцатый час　→　12番目の時間（11時台）

　順序数詞を用いる表現では分の後に順序数詞を生格形にして置きます（〜番目の時間の〜分）。

— **Кото́рый сейча́с час?**　　　今、何時？
— **Пять мину́т пе́рвого.**　　　12時5分。（часа́は省略）

　この表現では30分をполови́на「半」、15分をче́тверть「四分の一」と表すこともあります。

Сейча́с полови́на шесто́го / полшесто́го.　　　今、5時半です。
（полови́наはпол-と短縮できます）

　「〜時〜分前」を表現する場合は、前置詞без「〜がない」＋生格形の表現です（〜時に〜分がない）。この場合、「〜時」は個数詞を用います。

Без пяти́ два.　　　2時5分前。（-тьで終わる数字の生格形はьをиにする）
Без че́тверти де́сять.　　　10時15分前（＝9時45分）。

　少し混乱してきましたか？　もし、現地で順序数詞を使った表現で言われたら、次のように個数詞を使った表現で確認してみましょう。

— **Сейча́с два́дцать три мину́ты девя́того.**
— **Зна́чит, сейча́с во́семь часо́в два́дцать три мину́ты?**
— **Да, пра́вильно.**　　　その通りです。

　何時かわかりますか。そう、8時23分ですね。

寄り道コラム　エリセーエフの店

　1703年に街の礎が築かれたサンクト・ペテルブルグには国内外の建築家が招かれ、さまざまな様式の建物が建築されました。人目をひく建築物の一つがネフスキー大通りに面したエリセーエフの店です。彫像と大きなショーウィンドウが特徴的な店内に入るとその美しさは息をのむほど。ステンドグラス、鏡、アールデコ風の照明が商品を効果的に照らす店内は、建設当時の雰囲気を今に伝えています。

　この店の始まりは1902年、エリセーエフ兄弟商会によるものです。エリセーエフ家は輸入ワインや高級食料品を扱い、財を成しました。ドストエフスキーの『カラマーゾフの兄弟』やトルストイの『アンナ・カレーニナ』でも、エリセーエフの店の商品が言及されています。しかし、1917年のロシア革命によってエリセーエフ家はすべてを失います。店は政府に接収され、「国営食料品第1号店「Гастроно́м №1」として再出発しました。それでも、人々は「エリセーエフの店」と呼び続けました。当時としてはソ連で唯一パイナップルを扱っていたり、物不足下であっても上質な品物を置いていた特別な店だったのです。しかし、ソ連崩壊後しばらくして、店は閉店し、その所有権もさまざまな人手に渡りましたが、2010年に連邦特別保存対象となり、大規模な修復が行われました。2012年には創業当時の姿で営業が再開されて現在にいたっています。

　実は、エリセーエフ家と日本とは意外なつながりがあります。エリセーエフ家の次男セルゲイ・エリセーエフが1908年に来日、東京帝国大学に初の外国人学生として入学し、日本文学を研究しました。1914年に帰国するまでの間、夏目漱石の木曜会に通ったり、寄席や芸者遊びに興じるなど、大学内外で日本文化を学びました。ロシア革命後は命からがらフィンランド経由でパリへ亡命、ソルボンヌ大学で教鞭をとります。その後、ハーバード大学へ移り、エドウィン・ライシャワーをはじめとする日本研究者を育てました。サンクト・ペテルブルグの名店を訪れたら、波乱万丈の人生を送った日本学の祖に思いをはせてはいかがでしょうか。

1）琴は窓口でサンクト・ペテルブルグ行きのチケットを買っています。

　　①から⑦の下線部に以下の単語から適切なものを選んで入れましょう。

биле́т　チケット　　купе́　コンパートメント　　но́мер　番号

отправля́ется　出発する　　прибыва́ет　到着する

расписа́ние　時刻表　　ско́лько　どれくらい

Касси́р: Я вас слу́шаю.

Кото: Оди́н ① _____ до Санкт-Петербу́рга, пожа́луйста.

Касси́р: Како́й ② _____ по́езда?

Кото: Но́мер не зна́ю, «Гранд-Экспре́сс» мо́жно?

Касси́р: Да, мо́жно.

Кото: Во ③ _____ отправля́ется э́тот по́езд?

Касси́р: В 23:40 ве́чера, ④ _____ в Петербу́рг в 8:36 у́тра.

Кото: Да, беру́. Ме́сто в ⑤ _____ , пожа́луйста.

Касси́р: Вот, пожа́луйста. Оди́н биле́т до Санкт-Петербу́рга, по́езд №53, восьмо́й ваго́н, второ́е купе́, тре́тье ме́сто. С вас 6 ты́сяч рубле́й.

Кото: Спаси́бо. С како́й платфо́рмы ⑥ _____ по́езд №53?

Касси́р: Посмотри́те ⑦ _____ . Счастли́вого пути́!

Кото: Спаси́бо! До свида́ния!

беру́ → брать, беру́, берёшь, берёт, берём, берёте, беру́т（不完）
もらう、〜にする

2）（ ）内の語を比較級にしましょう。

① Э́тот плато́к (дорого́й) _____ , чем тот.

② В Росси́и кли́мат (холо́дный) _____ , чем в Япо́нии.

③ О́зеро (ма́ленькое) _____ , чем мо́ре.

④ Эти пирожки（большие）_____ , чем те.

⑤ Санкт-Петербург（красивый）_____ , чем Москва?

климат 気候　**холодный** 寒い

3）（ ）内の名詞を数字に合わせた形にして、読む練習もしてみましょう。

① 12 （билет）_____

② 22 （матрёшка）_____

③ 1783（рубль）_____

④ 21 （градус）_____

градус 度（気温など）

4）①から⑦までの質問の答えをa）〜ё）の中から選びましょう。

① Сколько часов лететь от Токио до Москвы?

② Во сколько отходит поезд?

③ Сколько вам билетов?

④ Во сколько прибывает самолёт?

⑤ Вам купе или плацкарту?

⑥ Сколько стоит билет до Санкт-Петербурга?

⑦ Сколько километров от Москвы до Санкт-Петербурга?

а）Билет стоит 10 тысяч рублей.

б）Самолёт прибывает по расписанию, в 10:45.

в）10 часов.

г）Купе, пожалуйста.

д）600 километров.

е）Мне 2 билета, пожалуйста.

ё）Поезд отходит в 17 часов 35 минут.

解答

1）① билéт　② нóмер　③ скóлько（во скóлько で「何時に」）　④ прибывáет
　　⑤ купé　⑥ отправля́ется　⑦ расписáние

日本語訳

窓口：いらっしゃいませ。

琴　：サンクト・ペテルブルグまで1枚お願いします。

窓口：列車番号は何番ですか？

琴　：番号はわかりませんが、「グランド・エクスプレス号」でいいですか？

窓口：はい、いいですよ。

琴　：その列車は何時に出発しますか？

窓口：23:40に出発してサンクト・ペテルブルグへは朝8:36に到着します。

琴　：それにします。コンパートメントをお願いします。

窓口：はい、どうぞ。サンクト・ペテルブルグまで1枚、列車53号、8両目、2番目
　　　のコンパートメント、3番の席です。6000ルーブルです。

琴　：ありがとう。何番線から出発しますか？

窓口：時刻表を見てくださいね。幸せな旅を！

琴　：ありがとう！　さようなら！

2）① дорóже　② холоднéе　③ мéньше　④ бóльше　⑤ красúвее

3）① двенáдцать билéтов　② двáдцать две матрёшки　③ ты́сяча семьсóт
　　вóсемьдесят три рубля́　④ двáдцать одúн грáдус

4）① в)　② ё)　③ е)　④ б)　⑤ г)　⑥ а)　⑦ д)

①東京からモスクワまで何時間ですか？

　時間数をたずねています。

②列車は何時に（во скóлько）出発しますか？

　отходúть の接頭辞 от- は移動の起点を表します。

③チケットは何枚ですか？

④飛行機は何時に到着（прибывáть）しますか？

　по расписáнию は「時刻表どおりに」

⑤コンパートメントですか、プラッカルタですか？

　コンパートメントは個室で4人用と2人用があります。プラッカルタは仕切りのな
　い2段ベッドの車両です。

⑥サンクト・ペテルブルグまでのチケットはいくらですか？

⑦モスクワからサンクト・ペテルブルグまでは何キロですか？

　киломéтр　キロメートル

74

a）～ё）の日本語訳は以下のとおりです。

a）チケットは1万ルーブルです。
б）飛行機は時刻どおり10時45分に到着します。
в）10時間です。
г）コンパートメントをお願いします。
д）600キロメートルです。
е）チケット2枚、お願いします。
ё）列車は17自35分に出発します。

　間違ったところは何度も見なおして自分のものにしましょう。設問の1）
は鉄道のチケットを買う時に役に立つかもしれません。ネットでも買えま
すが、現地の人々との会話は旅の醍醐味の一つです。たどたどしくても大
丈夫。辛抱強く聞いてくれます。勇気を出して話しかけてみましょう。

第 16 課 # 関係代名詞 🔊 23

Эрмита́ж, в кото́ром жила́ Екатери́на Втора́я

В Петербу́рге мно́го достопримеча́тельностей. Пре́жде всего́ на́до посмотре́ть Эрмита́ж, в кото́ром жила́ Екатери́на Втора́я. Эрмита́ж изве́стен не то́лько карти́нами, но и великоле́пными интерье́рами.

Кото: **Как пройти́ к Эрмита́жу?**

Мужчи́на: **Идти́ туда́ далеко́, лу́чше на авто́бусе.**

...

Кото: **Скажи́те, пожа́луйста, куда́ идёт э́тот авто́бус?**

Води́тель: **По Не́вскому проспе́кту.**

Кото: **До Эрмита́жа я дое́ду?**

Води́тель: **Да, дое́дете. Остано́вка называ́ется «Дворцо́вая пло́щадь».**

Кото: **Спаси́бо!**

単語

достопримеча́тельностей → достопримеча́тельность 見どころ、名所　пре́жде всего́ まず　Эрмита́ж エルミタージュ美術館　жила́ → жить 住む　Екатери́на Втора́я エカチェリーナ2世　изве́стен → изве́стный 有名だ（男性単数が主語の場合の短語尾形）　не то́лько～, но и… ～だけでなく…も　карти́нами → карти́на 絵画　великоле́пными → великоле́пный 豪華な　интерье́рами → интерье́р インテリア、内装　туда́ そこへ　Не́вскому проспе́кту → Не́вский проспе́кт ネフスキー大通り　называ́ется → называ́ться ～という名称である　«Дворцо́вая пло́щадь» 「宮殿広場」

　サンクト・ペテルブルグにはたくさん見どころがあるわ。まずはエカチェリーナ2世が住んでいたエルミタージュ美術館を見ないと。エルミタージュ美術館は絵画だけでなく、豪華なインテリアでも有名なのよね。

琴：　　　　エルミタージュ美術館へはどう歩いて行けばいいんですか？
男性：　　　そこへは遠くて歩けませんよ。バスで行くのがいいですよ。
（間）
琴：　　　　すみません、このバスはどこを通りますか？
バス運転手：ネフスキー大通りを行きますよ。
琴：　　　　エルミタージュ美術館まで行けますか？
バス運転手：ええ、行けます。停留所は「宮殿広場」になります。
琴：　　　　ありがとう！

　モスクワのレニングラード駅を発って、サンクト・ペテルブルグのモスクワ駅に着きました。どこを見ても美しい世界遺産の街です。見どころはたくさんありますが、まずは世界屈指の西欧絵画コレクションを誇るエルミタージュ美術館へ行きましょうか。エルミタージュ美術館は冬の宮殿とも称され、帝政時代は皇帝一家が暮らす宮殿でした。宮殿そのものも見る価値があります。さて、ロシア語学習の道を歩み続けてきた私たちは、そろそろ新たな段階──関係代名詞へ進みましょう。

関係代名詞　кото́рый

　ロシア語は結論をまず述べ、その後に説明を加えていきます。説明を加えたい前の文の語（先行詞）と説明する後の文を結ぶ役割をするのが関係代名詞です。関係代名詞はいくつかありますが、ここではкото́рыйを紹介します。語尾は形容詞と同じですね。形容詞と同じということは……そう、格変化します。でも、第15課で順序数詞（形容詞と同じ変化）の格変化を学んだみなさんはもう慣れたはず。例文を見ていきましょう。

Э́то Ива́н, кото́рый рабо́тает в Москве́.

こちらはモスクワで働いているイヴァンです。

　кото́рыйの先行詞はИва́нです。先行詞とкото́рыйは、性と数（単数か、複数か）が一致します。Ива́нは男性、単数です。注意することはロシア語には格があることです。格は先行詞と必ずしも一致しません。格は説明している文（従属文）の中の役割で決まります。この文の従属文は、「その人（кото́рый）がモスクワで働いている」ので、主語の役割です。主語はロシア語では主格なので「男性単数形、主格」кото́рыйという形になります。

Э́то матрёшка, кото́рую я купи́ла в Вернисáже.

これは私がヴェルニサーシで買ったマトリョーシカです。

　先行詞はматрёшкаですね、その「マトリョーシカを買った」、つまり関係代名詞の形は「女性単数形、対格」なので、кото́руюなのです。

Я купи́ла матрёшку, кото́рая сто́ила 750 рубле́й.

私は750ルーブルしたマトリョーシカを買った。

　先行詞はматрёшку対格形ですが、格は気にすることはありません。女性単数形だということがわかればいいのです。その「матрёшкаが750ルーブルした」ので、「女性単数形、主格」でкото́раяとなります。

На́до посмотре́ть Эрмита́ж, в кото́ром жила́ Екатери́на Втора́я.

エカチェリーナ2世が住んでいたエルミタージュ美術館を見なきゃ。

　先行詞はЭрмита́жで対格ですが、男性名詞の不活動体なので、主格と同じ形です。「そこに（その場所に）エカチェリーナ2世が住んでいた」という従属文が続きますが、従属文ではЭрмита́жが場所の表現になりま

す。場所の表現はв/на＋前置格でしたね。ですから、男性単数、в＋前置格形でв котóромになります（前置詞が в なのは、「〜の中に」を表すから）。前置詞は関係代名詞の前に置きます。

　例文であげたкотóрыйの形はほんの一部です。ちょっと難しかったですか？　関係代名詞は文章の中でも会話でも使われます。慣れたいところですね。まず結論、次に説明、という順番を頭の中で組み立ててみましょう。自然と関係代名詞が身につくかもしれませんよ。

ワンポイントプラス 「〜で有名だ」「〜に満足している」の**造格**

Эрмитáж извéстен не тóлько картúнами, но и великолéпными интерьéрами.

　извéстенは、形容詞 извéстныйの男性単数が主語の短語尾形です。

　он以外の形は、онá извéстна, онó извéстно, онú извéстны. になります。

「何で（によって）」有名なのかは造格で表されます。картúнами, великолéпными интерьéрамиはいずれも複数造格形です。

Я довóльна. 　私は満足です。

　何に満足しているのかも造格で表されます。ジョージア料理に満足ならЯ довóльна грузúнской кýхней.となります。

Вы довóльны нáшим путешéствием по рýсскому языкý?

私たちのロシア語の旅に満足していますか？

　Даという返事が聞こえてきたらうれしいです。

場所などのまとめ

Я прие́хала из Япо́нии   🔊 24

В кафе́

Кото: Здра́вствуйте! Я прие́хала из Япо́нии. А вы
отку́да?

Мужчи́на: Здра́вствуйте! Я из Герма́нии, живу́ в Берли́не.

Кото: Из Берли́на! Вы впервы́е в Петербу́рге?

Мужчи́на: Да, пе́рвый раз. О́чень краси́вый го́род. Я
прие́хал сюда́, что́бы посмотре́ть ру́сский
бале́т.

Кото: Я то́же впервы́е прие́хала в Росси́ю. Росси́я
мне о́чень нра́вится.

Мужчи́на: Мне то́же. А вы лю́бите му́зыку? За́втра в
филармо́нии бу́дет конце́рт му́зыки
Чайко́вского.

Кото: Пра́вда? Я должна́ туда́ пойти́.

Мужчи́на: Да, обяза́тельно!

単語

отку́да どこから　Герма́нии → Герма́ния ドイツ　Берли́не →
Берли́н ベルリン　впервы́е 初めて　сюда́ ここへ　что́бы
～するために　бале́т バレエ　нра́вится 気に入る　филармо́нии
→ филармо́ния フィルハーモニー　конце́рт コンサート
Чайко́вского → Чайко́вский チャイコフスキー　пра́вда 本当
должна́ ～しなければならない　обяза́тельно 必ず、ぜひ

カフェで
琴：こんにちは！　私は日本から来ました。どこからいらしたのですか？
男性：こんにちは！　私はドイツからで、ベルリンに住んでいます。
琴：ベルリンから！　サンクト・ペテルブルグは初めてですか？
男性：ええ、初めてです。とてもきれいな街ですね。私はバレエを見に来
　　　たんですよ。
琴：私もロシアは初めてです。とても気に入っています。
男性：私もです。音楽はお好きですか？　明日、フィルハーモニーでチャ
　　　イコフスキーのコンサートがあるんですよ。
琴：本当ですか？　行かなくちゃ。
男性：ええ、ぜひ！

　バレエの幕間にカフェにやってきました。きらめくスパークリングワイ
ン（шампа́нское）、おいしそうなオープンサンドイッチ（бутербро́д）
やケーキが目をひきます。それらを味わいながら、隣り合った人と話をし
てみましょうか。芸術の都サンクト・ペテルブルグへはロシア内外から観
光客が訪れます。芸術を愛する心に国境はありません。きっと話がはずむ
ことでしょう。会話のような場合に想定される、行先や場所などにかかわ
る表現を、ここで一度整理してみましょう。

где? どこで		куда? どこへ		откуда? どこから	
в＋前置格	в магази́не	в＋対格	в магази́н	из＋生格	из магази́на
на＋前置格	на остано́вке	на＋対格	на остано́вку	с＋生格	с остано́вки
у＋生格	у дру́га	к＋与格	к дру́гу	от＋生格	от дру́га
здесь, там（副詞）		сюда́, туда́（副詞）		отсю́да, отту́да（副詞）	

　場所（存在、動作が行われる場所）「〜に、〜で」、行先（目的地）「〜へ」、出発地点「〜から」という表現は、前置詞が特定の格と結びついて表現されます。前置詞は同じでも、結びつく格によって意味が変わりますから注意しましょう。

Он рабо́тает в музе́е.　　彼は博物館で働いている。　　в＋前置格＝場所

Он хо́дит в музе́й.　　　　彼は博物館へ通っている。　　в＋対格＝行先

Он пришёл из музе́я.　　　彼は博物館から来た。　　　из＋生格＝出発地点

　場所や行先でвと結びつく名詞は「〜のところから」の場合にизを用い、наと結びつく名詞は「〜のところから」の場合に с を用います。

Она́ идёт на остано́вку авто́буса.　　　彼女はバス停へ行く。

Она́ пришла́ с остано́вки авто́буса.　　　彼女はバス停から来た。

　なお、場所が「人」の場合の前置詞はу, к, отを用います。

Вчера́ я был у дру́га.　　　昨日、友人の所にいました。

Она́ идёт к дру́гу.　　　　　彼女は友人の所へ行くところです。

Я пришёл от дру́га.　　　　友人の所から来ました。

　これらのポイントを押さえれば、動詞を省略しても相手に話は通じます。テキストの会話ではЯ из Япо́нии. ですが、動詞прие́хала「来た」が省略されています。

接続詞 что́бы

　接続詞の一つであるчто́быは、次のような使い方をします。

Я прие́хал сюда́, что́бы посмотре́ть бале́т.

　接続詞чтобыの前後で主語が同じ場合は、чтобы以下の文で主語を省き、動詞の不定形を置くと目的を表します。目的は「バレエを見るために」です。чтобыには別の使い方もあります。

Я хочу́, что́бы вам понра́вилась Росси́я.

　最初のчто́быの例文と構造的にどう違うのでしょうか？　что́быの前後で主語が異なりますね（яとРосси́я）。что́быの前後で主語が異なる場合、что́бы以下の文の動詞を過去形にします（понра́вилась）。что́бы以下はхочу́（願っている）の内容を表します。この文の意味はおわかりですね。「私はあなたがたがロシアを気に入ってくれることを願っています。」

ワンポイントプラス　　до́лжен　〜しなければならない

　必要性を表す述語は以前紹介しました。ну́жно, на́доです。無人称文の述語なので、主体は与格で表現しましたね。同じような意味を表す述語にдо́лженがあります。使い方はрадと同じように主語（主格）に応じた形となり、動詞の不定形が続きます。

Он до́лжен идти́.	彼は行かないといけない。
Она́ должна́ идти́ в магази́н.	彼女は店に行かないといけない。
Мы должны́ говори́ть по-ру́сски.	私たちはロシア語を話さないといけない。

　過去形はбытьを主語に合わせた過去の形に、未来はやはりбытьを主語に合わせた形にして添えます。

Мы должны́ бы́ли говори́ть по-ру́сски вчера́ и должны́ бу́дем говори́ть по-ру́сски за́втра.

　私たちは、昨日ロシア語を話さなければならなかったし、明日も話さなければならない。

　学問に王道はありません。日々努力し続けることが大切です。

仮定法/年月日の表現

Бы́ло бы хорошо́ послу́шать э́тот конце́рт! 🔊 25

В кафе́ филармо́нии

Кото: **Конце́рт был прекра́сный… Мне кака́о и э́то пиро́жное, пожа́луйста.**

Официа́нт: **Хорошо́, мину́точку.**

Кото: **«Седьмо́го октября́… конце́рт… му́зыки Рахма́нинова»… Ой, я хочу́ послу́шать э́тот конце́рт!**

Официа́нт: **Пожа́луйста, ва́ше кака́о и пиро́жное. Приходи́те к нам на э́тот конце́рт!**

Кото: **К сожале́нию, за́втра я уезжа́ю в Япо́нию. А как бы́ло бы хорошо́ послу́шать э́тот конце́рт!**

Официа́нт: **О́чень жаль. Тогда́ в сле́дующий раз! Приезжа́йте ещё!**

Кото: **Спаси́бо! Обяза́тельно прие́ду!**

単語

кака́о ココア　пиро́жное ケーキ　седьмо́го → седьмо́е 7日　октября́ → октя́брь 10月　Рахма́нинова → Рахма́нинов ラフマニノフ（作曲家）　к сожале́нию 残念ながら　уезжа́ю → уезжа́ть 離れる　бы 助詞。仮定の表現で用いる　послу́шать 聴く　жаль 残念だ

フィルハーモニー併設カフェで

琴：　　　すばらしいコンサートだった……ココアとこのケーキをお願いします。

ウエイター：はい、お待ちください。

琴：　　　「10月7日……コンサート……ラフマニノフ」……ああ、このコンサート聴きたい！

ウエイター：どうぞココアとケーキです。このコンサートに来てください！

琴：　　　残念ながら、明日、日本に帰国するんです。このコンサートを聴けたらいいのに！

ウエイター：残念ですね。じゃあ、次の機会に！　また来てくださいね！

琴：　　　ありがとう！　ぜひ来ます！

　コンサートが終わり、余韻冷めやらぬまま併設のカフェで一休みすることにしました。ココアとケーキを注文して、ふと壁に目をやると別のコンサートのポスターが。でもその日付はロシアを去った後のもの。「もしここにいたら絶対コンサートを聴くのに」「このコンサートを聴けたらいいのに」と言いたいですね。それには仮定の表現を用います。

仮定法

　ロシア語の仮定法は「仮定の話」をする場合の表現です。**仮定はбыと動詞を過去形にして表現されます**。次は典型的な仮定法の文です。

Éсли бы зáвтра былá хорóшая погóда, я поéхал бы в университéт.

もし明日天気がよかったら大学に行くのに。

（天気予報で明日は天気が悪いことがわかっている）

Éсли бы тогдá у меня́ бы́ли дéньги, я купи́л бы платóк.

もしその時お金があったら、ショールを買ったのに。

（その時お金がなかったから買わなかった）

　éслиは「もし」と訳されることが多いのですが、これだけでは仮定の話にはなりません。быがあり、動詞の過去形があって初めて、仮定の話を表現できるのです。過去、現在、未来にかかわらず、仮定の話はбы＋動詞の過去形を用います。

仮定法の表現は願望を表すこともできます。

А как бы́ло бы хорошо́ послу́шать э́тот конце́рт!

このコンサートが聴けたらいいのに。

Я пошла́ бы.　　　行くのに（行ったのに）＝行きたい

Я бы послу́шал.　　聴くのに（聴いたのに）＝聴きたい

　仮定の話ができると、外国語がうまくなったような気になるものです。大いに仮定の話をしてみましょう。

年月日の表現

　第15課では年と日にちの表現を学びました。月が抜けていると思ったみなさん、お待たせしました。年月日の表現をすべてここで学びましょう。まずは月の名前です。1月から順番に読んでみましょう。すべて男性名詞です。

янва́рь	1月	февра́ль	2月	март	3月	апре́ль	4月
май	5月	ию́нь	6月	ию́ль	7月	а́вгуст	8月
сентя́брь	9月	октя́брь	10月	ноя́брь	11月	дека́брь	12月

　では、月も加えた年月日の表現を見ていきましょう。

「〜月に」　　前置詞в＋月を前置格形にする。

в январе́　　　1月に

в ма́е　　　5月に

「〜月〜日」　　月を生格形（「〜の」の用法）にして日にちの後に置く。

пе́рвое января́　　　1月（の）1日

пя́тое ма́я　　　5月（の）5日

「〜年〜月〜日」　　日にちのみ主格形で後は生格形（「〜の」の用法）にする。

пе́рвое января́ две ты́сячи двадца́того го́да

2020年（の）1月（の）1日

「〜年〜月〜日に」　　すべて生格にする。（「〜日に」も生格形でしたからね。

пе́рвого января́ две ты́сячи двадца́того го́да
2020年（の）1月（の）1日に

　ロシア語で書類に日付を書く場合、「日、月、年」の順番です。月は数字で表す場合もあります。「02.01.2020」は、второ́е января́ две ты́сячи двадца́того го́даのことです。

ワンポイントプラス→　　　　За́втра я уезжа́ю.

　「去る、離れていく」という場合には接頭辞у-のついた移動の動詞を用います。遠い日本に帰るので、уе́хать（完）уезжа́ть（不完）を用いることになりますが、会話では不完了体уезжа́тьが使われています。明日という未来なのに、不完了体動詞の現在形で表しています。それは、確定的な近い未来で、特に往来に関するものは現在形で未来を表すことがあるからです。つまり、未来の事柄ですが、気持ちはすでにそれに向かって進行している表現です。

おまけ

　　　Приезжа́йте ещё!

　Приезжа́йте ещё! も不完了体のприезжа́тьの命令形が使われていますが、この場合は「1回だけでなく、何回も来てくださいね」という思いが表現されています。

第 19 課　困った時の表現

Я не боле́ла, ничего́ не потеря́ла　🔊 26

Жаль, что я уезжа́ю за́втра. Здесь я познако́милась с до́брыми людьми́, с иску́сством и исто́рией Росси́и.

О́чень хорошо́, что в пое́здке я не боле́ла. У меня́ не боле́ли ни голова́, ни го́рло, ни живо́т. И я ничего́ не потеря́ла. Не́ было ничего́ плохо́го. Я дово́льна э́тим путеше́ствием.

Когда́ верну́сь в Япо́нию, бу́ду мно́го рабо́тать, бу́ду занима́ться ру́сским языко́м и потом ещё раз прие́ду в Росси́ю.

В сле́дующий раз пое́ду во Владивосто́к и́ли в Каза́нь? И́ли в Ирку́тск?　Росси́я огро́мна, в Росси́и ещё так мно́го интере́сного!

До сле́дующего путеше́ствия!

単語

познако́милась → познако́миться с＋造格　〜に出会う、知る

до́брыми людьми́ → до́брые лю́ди　善良な人々　　иску́сством →

иску́сство　芸術　　исто́рией → исто́рия　歴史　　боле́ла → боле́ть

第1変化だと「病気になる、応援する」、第2変化だと「痛む」　　否定形＋**ни...ни...**

…も…も〜ない　голова́　頭　　го́рло　喉　　живо́т　お腹　　ничего́

何も　потеря́ла → потеря́ть　なくす、失う　　когда́　〜である時に

верну́сь → верну́ться　帰る　　занима́ться　勉強する、取り組む（直接

目的語は造格）Владивосто́к　ウラジオストク市　　Каза́нь　カザン市

Иркутск　イルクーツク市　　огро́мна → огро́мный　広大な

　明日帰国するのは残念。ここロシアで親切な人たちに出会ってロシアの芸術や歴史に触れた。

　旅行中、病気もしなかった。頭も喉もお腹も痛くならなくてよかった。失くしたものもなかったし。悪い事も何もなかった。この旅行には満足してる。

　日本に帰ったらたくさん働いて、たくさんロシア語を勉強して、また来よう。

　次はウラジオストクかカザンかな？　それともイルクーツク？　ロシアは広大で見どころがたくさん！

　また次の旅行に！

•••

　とうとうロシア滞在最後の夜です。明日ロシアを去ると思うと、旅を振り返って感傷にひたってしまいますね。旅行中は、健康に恵まれ、紛失や盗難など嫌な思いをすることもなく旅を終えられるといいのですが、そうでない場合もあります。そんな時のために、役立つ表現を覚えておきましょう。

体調をくずす　　🔊 27

Мне пло́хо. Я пло́хо себя́ чу́вствую.　体調が悪いです。

чу́вствовать себя́ пло́хоの直訳は「自分（の体調）を悪く感じる」です。

どこかが痛む場合は、болéть（第2変化）「痛む」を使います。単数のものが痛い場合はболи́т、複数（例えば、両足、歯など）が痛い場合はболя́тという形です。過去形は主語に合わせた過去の形となります。

У меня́ боли́т голова́.　　（私のところの）頭が痛いです。

У меня́ болéла голова́.　　頭が痛かった。

なお、болéтьは同じ不定形で第1変化の動詞もあり、「病気である、患う」という意味の他、「〜を応援する」という意味で使うことも多い動詞です。

Я болéю за Спарта́к.　　私はスパルタクを応援しています。
　　スパルタクはロシアの強豪サッカークラブです。

何かを紛失する　　🔊 28

何かをなくした場合は、потеря́ть「なくす」を使います。

Я потеря́ла（男性потеря́л）кошелёк（па́спорт, смартфóн）
私は財布（パスポート、スマートフォン）をなくしました。

パスポートを失くした時は日本大使館へ連絡する必要があります。

Мне на́до позвони́ть в япóнское посóльство.
私は日本大使館に電話しなければなりません。

盗難にあうなどして、何かを盗まれた場合は、укра́сть「盗む」を使います。

У меня́ укра́ли кошелёк.　　（私が持っている）財布を盗まれました。

何かをどこかに置き忘れた場合にはоста́вить「置き忘れる」、забы́ть「忘れる」を使います。

Я оста́вил смартфóн на столé.　　テーブルの上にスマホを置き忘れました。

助けを求める   🔊 29

Помоги́те!　助けて！

　医者や救急車を呼んで欲しい場合は、вы́звать「呼ぶ」を命令形にしてお願いします。

Вы́зовите, пожа́луйста, ско́рую по́мощь!　救急車を呼んでください！
Вы́зовите, пожа́луйста, врача́!　　　　　 医者を呼んでください！

вы́звать,（вы́зову, вы́зовешь...вы́зовут）

ско́рая по́мощь　救急車　　врач　医者

　このような表現を使う場面に遭遇しない事が一番です。でも、旅先では何があるかわかりません。いざという時の準備も怠りなく。

ワンポイントプラス ➡️　　　**Не́ было ничего́ плохо́го.**

　ロシア語では、存在しないものは生格形で表現されます。
　「存在しない（ない）」という述語は、現在形нет　過去形не́ было　未来形не бу́детを使います。

Здесь нет по́чты.　　　　　　　この辺には郵便局はありません。
У меня́ не́ было велосипе́да.　　自転車は持ってなかった。
За́втра не бу́дет вечери́нки.　　 明日パーティーはない。

　また、形容詞を中性形にして「〜なもの、こと」という表現で使うことができます。ここでのплохое は「悪いこと」です。Не́ было ничего́ плохо́го.述語はне́ было、その後に生格形が続くので「悪い事は何もなかった」のです。

　帰国の途につくとき思い出されるのは楽しいことばかり。ただ、やり残したことがある気がします。旅とはそんなもの。また来ればいいのです。次の旅まで元気で！

ティーブレーク
3 道は続くよどこまでも

　これからもロシア語への旅を続けたいみなさんのために、今後出会うであろう文法事項を少し紹介します。

1 котóрый以外の関係代名詞
что（先行詞は物、事）

　みなさんよくご存じの疑問詞ですが、接続詞としても関係代名詞としても用いられます。関係代名詞の場合は必ず先行詞があります。

Мне нрáвится всё, что ты дáришь мне!（先行詞はвсё）
あなたがプレゼントしてくれる物はすべて好き！

кто（先行詞は人、動物）

Тот, кто не рабóтает, не ест.
働かざる者食うべからず。（ことわざとしては　Кто не рабóтает, тот не ест.）

　先行詞はтот（その人）、その人がどういう人かをкто не рабóтаетと説明、述語はне ест、直訳では「働かない人は食べない」。

　いずれも関係代名詞ですから、従属文の中の役割で格変化します。

Ты мне подарил то, чегó у меня нé было.
あなたは私が持っていない物をプレゼントしてくれた。

　чтоがчегóなのは、「私にはない物」だからです。

2 関係副詞
　関係副詞はこれまで疑問詞として用いてきたгде, кудá, откýда, когдáで、副詞ですから格変化はしません。それぞれ場所、行先、動作の起点、時を説明する場合に使われます。例文をあげます。

Там кафé, где（в котóром）я чáсто обéдаю.
あそこに、私がよく昼食をとるカフェがある。（場所）

Там кафé, кудá（в котóрое）я иногдá хожý.
あそこに、私が時々行くカフェがある。（行先）

Это страна́, отку́да（из кото́рой）я прие́хала.

これが私の生まれた国（直訳「私が来た国」）です。（起点）

Выходно́й – э́то день, когда́（в кото́рый）лю́ди не рабо́тают.

休日とは、人々が働かない日のこと。（時）

いずれも、（　）内のкото́рыйに代えることができます。

3　形動詞

　　動詞から派生し、形容詞のように用いられる語を形動詞（形容分詞）
と言います。能動形動詞と被動形動詞（受け身）があり、それぞれ現
在形と過去形があります。関係代名詞のように名詞に説明を加えるも
のですが、文章をコンパクトにまとめるために用いられます。例文と
してчита́тьからできた形動詞を紹介しましょう。

能動形動詞

Ря́дом сиди́т де́вушка, **чита́ющая** газе́ту.

隣に新聞を**読んでいる**娘が座っている。（不完了体、現在）

　чита́ющаяは能動形動詞現在、де́вушкаを説明しています。

Мне понра́вился арти́ст, **чита́вший** стихи́ на конце́рте.

コンサートで詩を**読んでいた**俳優が気に入りました。（不完了体、過去）

Тури́сты, **прочита́вшие** объявле́ние, собрали́сь на экску́рсию.

広告を**読んだ**（結果）観光客はツアーに集まった。（完了体、過去）

　прочита́вшиеはтури́стыを説明しています。能動形動詞過去は不
完了体、完了体双方から派生し、それぞれの体の意味が活かされます。

被動形動詞

Достое́вский – ру́сский писа́тель, **чита́емый** во всём ми́ре.

ドストエフスキーは全世界で**読まれている**ロシアの作家です。

　чита́емыйは被動形動詞現在で、писа́тельを説明しています。

Я забы́ла в гости́нице путеводи́тель, **прочи́танный** вчера́.

昨日**読み終わった**ガイドブックをホテルに忘れた。

　прочи́танный は完了のпрочита́тьから派生した被動形動詞過去、
путеводи́тельを説明しています。

能動形動詞、被動形動詞ともに、説明する語と性も数も格もすべて一致させます。形容詞の働きをするからです。

被動形動詞過去は形容詞短語尾の形で、述語としても用いられます。

Путеводи́тель был **прочи́тан** за два дня.

ガイドブックは二日間で**読み終えた**（読まれた）。

　Прочи́танは完了体のпрочита́тьから派生したпрочи́танныйの、主語が男性の形です。

4　副動詞

　動詞から派生し、副詞のように用いられる語を副動詞と言います。副詞と同様に格変化はしません。不完了体副動詞と完了体副動詞があります。

不完了体副動詞

Чита́я дневни́к, я вспомина́ла своё путеше́ствие в Росси́ю.

日記を**読みながら**ロシアの旅を思い出していた。

　чита́яは чита́тьから派生した副動詞で、文中の述語вспомина́лаと同時に行われる行為（状況）を表します。

完了体副動詞

Прочита́в дневни́к, я реши́ла сно́ва пое́хать в Росси́ю.

日記を**読んで**、またロシア旅行に行くことを決めた。

　прочита́вは完了прочита́тьから派生した副動詞で、文中の述語реши́лаに先立って完了した行為を表します。

　いかがですか。難しさも含めてもっと学びたいと思ったみなさん、言語の学びに終わりはなく、道はまだまだ続きます。かくいう筆者もまだ旅の途中なのです。

寄り道コラム　鉄道の旅はいかがですか

　心躍る鉄道の旅。広大なロシアでは長距離の移動に飛行機がよく利用されますが、鉄道網も充実しています。テキストにあげているモスクワ―サンクト・ペテルブルグ間は多くの人が利用する路線です。都市間の距離は650キロメートル、日本の新幹線の駅で例えるなら東京―新青森間や新大阪―熊本間にあたります。ソ連時代から寝台列車も通常の列車も片道8時間ほどかかりましたが、2000年代に入り新たに高速列車が運行されるようになりました。おすすめの列車を紹介します。

　昼に短時間で移動したい方には「ネフスキー・エクスプレス号«Не́вский экспре́сс»」と「サプサン号«Сапса́н»（はやぶさ）」があります。ネフスキー・エクスプレス号は2001年から運行がはじまり、最高時速200キロ、4時間強で両都市を結びます。座席は2タイプあり、6人掛けのコンパートメントあるいは新幹線のような並びの座席です。軽食（サンドイッチ）やアメニティもついていますが、食堂車もあります。2009年に運行を開始したサプサン号はロシア版新幹線と言われ、大きな話題を呼びました。最高時速は300キロですが、通常時速は250キロで片道4時間弱です。座席といい、車内販売があるところといい、日本の新幹線のイメージそのままです。

　寝ている間に移動したい方には寝台列車があります。1931年から運行されている「赤い矢号«Кра́сная стрела́»」は、その名が示すように赤い車体の列車です。4人用と2人用コンパートメントがあり、食堂車が1車両あります。赤い矢号も十分快適ですが、もう少し贅沢な時間を過ごしたい方には「グランド・エクスプレス号«Гранд Экспре́сс»」があります。2005年から運行を開始しました。落ち着いた赤を基調とした内装で、コンパートメントのタイプはエコノミークラスの4人用から2人あるいは1人用のリュクスまであり、サービスも充実していて「走るホテル」と言われています。両寝台列車は1日1便で、深夜にモスクワを発ち、朝にサンクト・ペテルブルグのモスクワ駅に到着します。

　憧れの鉄道旅。ロシアの広大な景色がみなさんをお待ちしています。

ここまでの力試しをしてみましょう。

1）次の（ ）に関係代名詞котóрыйを適切な形にして入れましょう。

① Там студéнт,（　　　　　　）приéхал из Япóнии.

② Мне нрáвится матрёшка,（　　　　　　）я купи́ла в Москвé.

③ Гóрод, в（　　　　）они́ приéхали, нахóдится на берегу́ реки́.

④ Это дом, в（　　　　）живу́т мои́ роди́тели.

⑤ У меня́ есть друзья́,（　　　　　　）рабóтают в Росси́и.

2）①〜⑤の文に対する適切なアドヴァイスをа）〜д）から選んでください。

① Я хочу́ послáть посы́лку.

② Я не знáю, во скóлько отхóдит пóезд.

③ У меня́ боли́т зуб.

④ Я потеря́ла су́мку.

⑤ У меня́ высóкая температу́ра.

> послáть посы́лку　荷物を送る　　зуб　歯
> су́мка　バッグ　　высóкая температу́ра　高熱

а) Нáдо идти́ в бюрó нахóдок.　　　г) Нáдо идти́ к зубнóму врачу́.

б) Иди́те на пóчту.　　　д) Нáдо вы́звать врачá.

в) Смотри́те расписáние.

> бюрó нахóдок　忘れ物預り所　　зубнóй врач　歯医者

3）次の文を仮定法の文に書き換えましょう。

① Éсли вы приéдете ко мне, я покажу́ вам фотогрáфии.

② Éсли ты встáнешь рáно, мы поéдем на мóре.

③ Éсли у меня́ бу́дет свобóдное врéмя, я бу́ду путешéствовать.

解答

1）①кото́рый　②кото́рую　③кото́рый　④кото́ром　⑤кото́рые

　先行詞が従属文でどのような役割かで格が決まることを意識しましょう。

①先行詞はстуде́нт（男性単数）、従属文はその「学生が日本から来た」ので、関係
　代名詞は主語＝主格。

②先行詞はматрёшка（女性単数）、従属文は「マトリョーシカをモスクワで買った」
　ので、関係代名詞は直接目的語＝対格。

③先行詞はго́род（男性単数）、「そこへ（行先）彼らがやってきた」、行先なので、
　前置詞вの後は対格。

④先行詞はдом（男性単数）、従属文は「そこに両親が住んでいる」、場所を表すので、
　前置詞вの後は前置格。

⑤先行詞はдрузья́（другの複数形）、従属文は「その人たちがロシアで働いている」、
　関係代名詞は主語＝主格。

2）① б)　　② в)　　③ г)　　④ а)　　⑤ д)

①　荷物を送りたい。
②　何時に列車が出発するか知らないのです。
③　歯が痛い。
④　バックを紛失しました。
⑤　発熱しました。

а)　忘れ物預り所へ行かなければなりません。
б)　郵便局へ行ってください。
в)　時刻表を見てください。
г)　歯医者へ行かなければなりません。
д)　医者を呼ばないといけません。

3）①Е́сли бы вы прие́хали ко мне, я бы показа́л(а) вам фотогра́фии.
　　②Е́сли бы ты встал(а) ра́но, мы бы пое́хали на мо́ре.
　　③Е́сли бы у меня́ бы́ло свобо́дное вре́мя, я бы путеше́ствовал(а).

　仮定法はбыと動詞が過去形であることが必須条件です。

ここまで本当によくがんばりましたね！　　Молоде́ц!!!

第20課 知っておきたい表現

本書は旅をしながらロシア語を学ぶ構成になっています。本編の会話でも旅で出会うシーンを想定しました。でも、現地で出会うことすべてをカバーできたわけではありません。そこで、この後は、知っておきたい表現と具体的な会話例を紹介します。旅の準備は万全にしておきたいですからね。

【交通関連】

メトロに乗る　　　　　　　　　　　　　　🔊 **30**

モスクワのメトロ（Моско́вский метрополите́н）に乗ってみましょう。メトロの入口にテロ対策として Ра́мка металлодете́ктора「金属探知機」があります。そこを通って入りますが、ペースメーカーをつけている人は警備員に案内してもらって別の入口を通るのでご注意を。

メトロはチケットあるいは交通系ICカードが観光客には便利です。料金は隣の駅で降りても、終点まで行っても同一料金です。

Еди́ный на одну́ пое́здку	共通チケット1回券
Еди́ный на две пое́здки	共通チケット2回券
Биле́т на прово́з 1 ме́ста багажа́	荷物一つ分のチケット

（スーツケースなどの大きな荷物を持ち込む場合に必要）

Ка́рта «Тро́йка»	「トロイカ」カード

（交通系ICカード、«кошелёк»「財布」という機能でお金をチャージして使う）

これらはメトロだけではなく、他の公共交通機関（バスなど）でも使えますし、このカードを使って入れる博物館もあります。

チケットの購入場所は駅構内に2か所あります。

Кássы по прода́же биле́тов　　チケット窓口
Автома́т прода́жи проездны́х биле́тов метрополите́на　自動券売機

　窓口では、Еди́ный на одну́ пое́здку, пожа́луйста.「1回券お願いします」、あるいはЕди́ный на две пое́здки, пожа́луйста.「2回券お願いします」と、落ち着いて大きな声で言ってみましょう。現金以外にクレジットカードも使えます。

　窓口で交通系ICカードを購入する場合は、チャージ額も指定できます。なお、購入時には後で返金されるデポジット（前金）が必要です。「トロイカ」カードを買い、それにチャージ額を指定する例をあげておきます。

Мне ка́рту «Тро́йка», и положи́те 400（четы́реста）рубле́й на «кошелёк», пожа́луйста.
「トロイカ」カードをお願いします。400ルーブルをチャージしてください。

　自動券売機では共通チケットの1回券、2回券と「トロイカ」カードが購入でき、カードにはチャージもできます。言語表示はРУС（ロシア語）／EN（英語）を選択できます。自動券売機には以下の表示があります。

Получи́ть ка́рту «Тро́йка»　　「トロイカ」カードを購入する
Попо́лнить кошелёк　　「トロイカ」カードにチャージする

　チケットを買ったら改札口турнике́тへむかいます。改札を通る時、丸い黄色の表示にチケットをかざします。ロシア語では次のように書かれています。「Приложи́те биле́т к жёлтому кру́гу.（黄色の丸い表示にチケットをかざして通ってください）」。かざすと、パネルに次回以降に乗車できる回数が表示されます。それを確認して目的地を目指しましょう。

　次は、メトロ構内でよく目にする表示です。

К поезда́м до ста́нций: «○»　　　○駅行き列車へのホームへ

Перехо́д на ста́нцию «○» в це́нтре за́ла.

「○駅」への通路は駅の中央にあります。

Вы́ход в го́род　　　街への出口

メトロの車内アナウンスは本編の第10課でも紹介しましたが、メトロに乗っている間も流れていますので、リスニングの勉強になります。これまで紹介した以外の例をあげておきます。

🔊 31

О подозри́тельных предме́тах сообщи́те машини́сту.

不審物を見つけたら係員にお知らせください。

По́езд сле́дует до ста́нции «○».

終点は「«○»駅」です。

Осторо́жно, две́ри закрыва́ются!

ドアが閉まりますのでご注意ください。

Сле́дующая ста́нция «△». Платфо́рма спра́ва.

次の駅は「△」です。出口は右側です。

Уважа́емые пассажи́ры! В ваго́не по́езда держи́тесь за по́ручни!

みなさま、車内では手すりにおつかまりください。

Уважа́емые пассажи́ры! Уступа́йте места́ инвали́дам, пожилы́м лю́дям, пассажи́рам с детьми́ и бере́менным же́нщинам!

みなさま、お体が不自由な方、お年寄り、乳幼児をお連れの方、妊娠中の方には席を譲るようにしましょう。

席を譲る時は、Сади́тесь, пожа́луйста!「座ってください」と言ってスマートに譲りたいものですね。

バス、トロリーバスに乗る　🔊 32

　メトロで買ったカードやチケットでバス、トロリーバスにも乗れますが、持っていない場合は、バス停のキオスクあるいは車内で運転手から乗車券を購入できます。お釣りのないように料金を用意しておきましょう。バスには前方の入口から乗り、次のように運転手に言ってみましょう。

Да́йте, пожа́луйста, оди́н биле́т（два биле́та）.
乗車券1枚（2枚）ください。

　チケットや共通カードを持っている場合は、運転席付近の機械にかざすと運賃がひかれる仕組みになっています。

長距離列車に乗る　🔊 33

　列車の種類には以下のものがあります。

Пассажи́рский по́езд	各駅停車
Ско́рый по́езд	急行列車　（平均時速50キロ）
Скоростно́й по́езд	特急列車　（平均時速は85キロ以上）

　モスクワ－サンクト・ペテルブルグ間が急行列車で7－11時間かかるのに対して、特急列車だと4時間ほどで到着します。

Фи́рменный по́езд	特別列車（質のよいサービス付きの長距離列車）

　また、車両も種類が多いので、チケットを買う場合は前もって調べておくと便利かもしれません。

Óбщий вагóн	普通（一般）車両

（仕切りのない向かい合わせの席。上部に寝台がある場合もある）

Сидя́чий вагóн	座席車両

（通路を挟んで1人用と2人用の座席がある）

Плацка́ртный вагóн	プラツカルタ車両

（仕切りのない寝台列車）

Купе́	4人乗りコンパートメント

（寝台が上下2つずつあるもの）

Люкс, СВ（«эсвэ́»）	1-2人乗りコンパートメントのデラックス車両

（1等車両）

Мя́гкий вагóн	設備やサービスが豪華な1等車両

　長距離列車で想定される以下の表現も覚えておきたいものです。

Принеси́те чай, пожалуйста!　　紅茶をください。

Ско́лько мы здесь стои́м?　　　この駅でどのくらい停車しますか？

Э́тот туале́т свобо́ден? — Туале́т за́нят. Подожди́те, пожа́луйста.
トイレは空いていますか？―トイレは使用中です。お待ちください。

　車内では熱い紅茶を頼むことができます。もちろん有料ですが（チケットに料金が含まれている場合もあります）。また、トイレにかぎらず、свобо́ден「空いている」、за́нят（занята́, за́нято, за́няты）「使用中」は、よく目にしますから覚えておきましょう。いずれも述語なので、主語の性と数に応じて形が四つあります。

【観光関連】
写真を撮ってもらう　　　　　　　　　　　🔊 34

Сде́лайте, пожа́луйста, фо́то!
写真を撮ってください。

Сфотографи́руйте меня́ (нас), пожа́луйста!

私の（私たちの）写真を撮ってください。

На фо́не Кремля́ (ба́шни, Мавзоле́я, по́езда, па́мятника).

クレムリン（タワー、レーニン廟、列車、記念碑）を背景にして写真を撮ってください。

　帰国したら写真を見て、旅の思い出にひたることがあるかもしれません。臆することなく現地の人に写真を撮ってもらいましょう。「～してください」は、命令形を使います（сде́лайте, сфотографи́руйте）。「～を背景にして」は、на фо́не＋生格形を用います。

クレジットカードで支払う　　　　　　　　🔊 35

Вы принима́ете иностра́нные ка́рты?

外国のクレジットカードを扱っていますか？

Вста́вьте ка́рту сюда́.	カードをここに入れてください。
Введи́те пин-код.	暗証番号を入力してください。
Возьми́те ва́шу ка́рту.	カードを（抜き）取ってください。

　現代はキャッシュレスの時代です。ロシアでもクレジットカード（あるいはスマホなどでも）決済は日常的に行われていますから、これらの表現を知っているとあわてずにすみますね。使われている動詞はいずれも命令形です。

вста́вьте → вста́вить (вста́влю, вста́вишь... вста́вят)

введи́те → ввести́ (введу́, введёшь... введу́т)

возьми́те → взять (возьму́, возьмёшь... возьму́т)

ツアーの種類と関連する用語をご紹介します。

обзóрная экскýрсия
最も有名なところをめぐるツアー。初心者におすすめです。
темати́ческая экскýрсия
　特定の場所（クレムリンやエルミタージュ美術館など）やテーマが設定されている（著名な人物など）ツアー

группова́я экскýрсия	グループで行う定番ツアー
индивидуа́льная экскýрсия	少人数で催行されるオプショナルツアー
автóбусная экскýрсия	バスツアー
пешехóдная экскýрсия	歩くツアー
автомоби́льная экскýрсия	乗用車で移動するツアー
теплохóдная экскýрсия	船に乗るツアー
экскýрсия на япóнском языкé	日本語のツアー
〜 на англи́йском языкé	英語のツアー
〜 на рýсском языкé	ロシア語のツアー
маршрýт экскýрсии	見て回る順番、ルート
прогрáмма экскýрсии	ツアーの日程
продолжи́тельность экскýрсии	ツアーの長さ（時間）
стóимость экскýрсии	ツアー料金

　ツアーに申し込む、あるいは予約する場合の例をあげておきますので、参考にしてください。

Я хочý заказáть экскýрсию по Москвé на япóнском языкé.
モスクワをめぐる日本語のツアーを予約したいのですが。

Я хочу́ купи́ть обзо́рную авто́бусную экску́рсию по Петербу́ргу на
англи́йском языке́.

サンクト・ペテルブルグをめぐる英語のバスツアーを申し込みたいのです
が（直訳　買いたいのですが）。

　1人で、あるいは友人たちと一緒の観光も楽しいですが、ガイドが同行
するツアーはいろいろなことを学べるのでためになります。機会があれば
参加してみてはいかがでしょうか。

第 21 課　旅先での会話例

　これまで紹介できなかった、旅先で想定される会話例をここで見ていきましょう。

【交通関連】

タクシーに乗る　Пое́здка на такси́　　　🔊 **37**

タクシー乗り場などで待機している車に乗る

Тури́стка: **Свобо́дно?**

Такси́ст: **Да, сади́тесь. Куда́ е́хать?**

Тури́стка: **Гости́ница «Будапе́шт», пожа́луйста.**

Такси́ст: **Поня́тно. Пристегни́тесь, пожа́луйста.**

観光客：　　　　空いてますか？
タクシー運転手：はい、乗ってください。どこへ行きますか？
観光客：　　　　ブタペストホテルにお願いします。
タクシー運転手：承知しました。シートベルトをつけて下さい。

　急ぎの移動には、タクシーを使うのが便利です。直接行きたい場所へ連れていってくれますから。乗り方、料金の支払い方は、会話例を見ても、日本とほとんど変わりはありません。Свобо́дно?と空いているかどうかたずねてみましょう。述語だけの文ですが、語尾が-о なのはтакси́ が中性名詞だからです。Куда́? は、行き先をたずねる疑問詞ですから、通常は、в/на＋対格形で答えますが、タクシーでは、習慣的に主格で答えます。

🔊 **38**

ホテルのフロントでタクシーの予約（Зака́з такси́）を頼む

Тури́ст: **Я хочу́ заказа́ть такси́ на за́втра, на семь у́тра.**

Дежу́рная: **Коне́чно. Куда́ вы пое́дете?**

Тури́ст: **На Ленингра́дский вокза́л.**

106

Дежу́рная: Поня́тно. В како́м но́мере вы останови́лись?

Тури́ст:　　 Но́мер 6237 (шестьдеся́т два три́дцать семь).

Дежу́рная: У вас бу́дет бага́ж?

Тури́ст:　　 Да, оди́н чемода́н.

Дежу́рная: Такси́ бу́дет ждать вас в 7:00 (семь ноль ноль).

Тури́ст:　　 Спаси́бо.

観光客：　 明朝7時にタクシーを予約したいのですが。

フロント：了解しました。どちらへ行かれますか？

観光客：　 レニングラード駅です。

フロント：了解しました。お部屋の番号は何番ですか？

観光客：　 6237号室です。

フロント：お荷物はありますか？

観光客：　 はい、スーツケースが一つあります。

フロント：では7時にタクシーがお待ちしています。

観光客：　 ありがとう。

　ホテルのフロントでタクシーを予約する場面です。タクシーにかぎらず、何かを予約する場合にはзаказа́ть「予約する」を使います。

タクシー代（Опла́та такси́）を払う　　🔊 39
①クレジットカードで支払う

Такси́ст:　　　 Прие́хали. Гости́ница «Будапе́шт».

Пассажи́рка: Вы принима́ете креди́тные ка́рты?

Такси́ст:　　　 Да, вста́вьте сюда́, пожа́луйста. Набери́те пин-код. Возьми́те чек, пожа́луйста. Всего́ хоро́шего!

タクシー運転手：ブタペストホテルに着きました。

乗客：　　　　　クレジットカードは使えますか？

タクシー運転手：はい、ここにカードを入れて、暗証番号を押してください。レシートをお取りください。ごきげんよう！

②現金で支払う 🔊 **40**

Таксист: Прие́хали. Ленингра́дский вокза́л. С вас 270 (две́сти се́мьдесят) рубле́й.

Пассажи́рка: Вот три́ста рубле́й. Сда́чу оста́вьте себе́.

Таксист: Спаси́бо. Я доста́ну ваш чемода́н.

Пассажи́рка: Спаси́бо вам.

Таксист: Счастли́вого пути́!

доста́ну → доста́ть (доста́ну, доста́нешь... доста́нут)

タクシー運転手： レニングラード駅に着きました。270ルーブルです。
乗客： 300ルーブルです。おつりはいりません。
タクシー運転手： ありがとうございます。スーツケースをお出しします。
乗客： ありがとうございます。
タクシー運転手： 幸せな旅を！

　タクシー料金は、クレジットカードでも現金でも支払えます。現金で支払う場合にはチップとして料金の10％を含めることが習慣化しているようです。チップは日本にはない習慣なのでお忘れなきように。

バスに乗る　Пое́здка на авто́бусе 🔊 **41**

Пассажи́рка: Ско́лько сто́ит биле́т? Да́йте, пожа́луйста, оди́н (два)!

Води́тель: 50 (пятьдеся́т) рубле́й. Ваш биле́т.

Пассажи́рка: Спаси́бо!

乗客： チケットはおいくらでしょうか？　1枚（2枚）ください！
バスの運転手：50ルーブルです。チケットです。
乗客： ありがとう！

　バスは前のドアから乗ります。チケットは停留所で買うか、バスの運転手から買うか（料金をバスの運転手に支払う場合もある）、あるいは交通系ICカードが使えます。

おつりがない場合　🔊 42

Води́тель:　　　У вас есть без сда́чи?

Пассажи́рка:　Извини́те, то́лько ты́сяча.

Води́тель:　　　У меня́ нет ме́лочи. Разменя́йте у пассажи́ров.

バスの運転手：（おつりがないので）ちょうどのお金でいただけますか？

乗客：　　　　　すみません、1000ルーブル札しかなくて。

バスの運転手：おつりがないんです。他の乗客にくずしてもらってください。

　この例のように、ロシアではおつりがない場合、ちょうどの料金を求められることがあります。ロシアの通貨ルーブルに両替をする場合、高額紙幣ばかり渡されることがありますが、このような場合に備えて小額紙幣（あるいはコイン）を準備しておくのもいいですね。

長距離列車に乗る　Пое́здка на по́езде　🔊 43

長距離列車のチケットを買う　Поку́пка биле́та на по́езд

Пассажи́р:　Здра́вствуйте! Пожа́луйста, оди́н биле́т в Москву́. Туда́ и обра́тно.

Касси́р:　　　На како́е число́?

Пассажи́р:　Туда́ на пя́тое сентября́, а обра́тно на восьмо́е.

Касси́р:　　　На како́й по́езд?

Пассажи́р:　Туда́ на ночно́й, обра́тно на дневно́й.

Касси́р:　　　Туда́ есть биле́ты на 39-й (три́дцать девя́тый) по́езд, он отправля́ется в 00:09 (ноль ноль де́вять), прибыва́ет в Москву́ в 08:26 (восемь два́дцать шесть).

Пассажи́р: О́чень хорошо́. Ни́жнее ме́сто, пожа́луйста.

Касси́р: К сожале́нию, есть то́лько ве́рхние по́лки.

Пассажи́р: Ну дава́йте ве́рхнее. А обра́тно есть биле́ты на 159-й (сто пятьдеся́т девя́тый) по́езд?

Касси́р: Да, есть. Пожа́луйста, два́дцать пе́рвое ме́сто.

Пассажи́р: Хорошо́. Ско́лько с меня́?

Касси́р: С вас 8340 (во́семь ты́сяч три́ста со́рок) рубле́й.

Пассажи́р: Вот, пожа́луйста.

乗客： こんにちは！ モスクワ行の往復チケットを1枚ください。

窓口係： 何日のですか？

乗客： 行きは9月5日で、帰りは8日です。

窓口係： どの列車がいいですか？

乗客： 行きは夜行で帰りは日中のをお願いします。

窓口係： 行きは39番列車で0時9分発、8時26分モスクワ着は空きがあります。

乗客： いいですね。下段の席をお願いします。

窓口係： 残念ですが、上段の席しかありません。

乗客： じゃあ、上段でいいです。帰りは159番列車のチケットはありますか？

窓口係： はい、ありますよ。21番の席です。

乗客： よかった。おいくらですか？

窓口係： 8340ルーブルです。

乗客： はい、どうぞ。

　　往復はтуда́（往路）и обра́тно（復路）と言います。Ночно́й по́езд「夜行列車」とは、寝台列車のことです。4人用のコンパートメントなら、左右上下段ベット席（ве́рхнее ме́сто〔上段席〕、ни́жнее ме́сто〔下段席〕、ме́стоの代わりにпо́лкаも同じ意味で使われる）があります。会話例のように、下段が先に売れるようです。

駅員にたずねる　　　　　　　　　　🔊 44

Пассажир: Скажи́те, 39-й (три́дцать девя́тый) по́езд с
како́го пути́ отправля́ется?

Диспе́тчер: С шесто́го пути́, отправле́ние че́рез 15
(пятна́дцать) мину́т.

Пассажир: Спаси́бо.

乗客：39番列車は何番線から出ますか？

駅員：6番線からです。15分後に出ますよ。

乗客：ありがとう。

【観光関連】

両替（Обме́н валю́ты）する　　　　🔊 45

①両替所で　В пу́нкте обме́на валю́ты

Тури́ст: Здесь мо́жно обменя́ть ие́ны?

Служащая: Нет, то́лько до́ллары и е́вро. Ие́ны мо́жно
обменя́ть в ба́нке.

観光客：ここで円を両替できますか？

窓口係：いいえ、ここではドルとユーロだけです。円は銀行で両替できます。

②銀行で　В ба́нке　　　　　　　　🔊 46

Тури́ст: Вы принима́ете япо́нские ие́ны? Я хочу́
обменя́ть ие́ны на рубли́.

Служащая: Да, принима́ем. Ско́лько вы хоти́те поменя́ть?

Тури́ст: Де́сять ты́сяч ие́н.

Служащая: Ваш па́спорт, пожа́луйста.

Тури́ст: Пожа́луйста.

Служащая: Вот, возьми́те де́ньги, па́спорт и квита́нцию.

Пересчита́йте, пожа́луйста.
Тури́ст:　Всё пра́вильно. Спаси́бо!

観光客：日本円を両替できますか？　ルーブルに両替したいんですが。
窓口係：はい、大丈夫です。いくら変えますか？
観光客：10000円です。
窓口係：パスポートをお願いします。
観光客：はい、どうぞ。
窓口係：どうぞ、お金とパスポートと領収書です。確認してください。
観光客：きちんとあります。ありがとう！

　現地通貨のルーブルは、街の両替所か銀行で両替できます。ウラジオストクなどの極東ロシア以外で、街の両替所で円を扱っているところは多くないかもしれません。その場合は銀行へ行きましょう。
　「両替する」は、поменя́тьかобменя́ть（対格をна＋対格に）を用います。
Поменя́ть/Обменя́ть ие́ны (до́ллары/е́вро) на рубли́
円（ドル／ユーロ）をルーブルに両替する
Поменя́ть/Обменя́ть рубли́ на ие́ны (до́ллары/е́вро).
ルーブルを円（ドル／ユーロ）に両替する

【トラブル関連】
薬局で薬を買う　Поку́пка лека́рств в апте́ке　🔊 47

Тури́ст:　　Скажи́те, пожа́луйста, у вас есть что-нибу́дь от
　　　　　　просту́ды?
Апте́карь:Терафлю поро́шок, Колдакт ка́псулы, Ранкоф
　　　　　　табле́тки... Ещё есть ка́пли от на́сморка и
　　　　　　леденцы́ от го́рла.
Тури́ст:　　Да́йте, пожа́луйста, Колдакт и леденцы́ от го́рла.
Апте́карь:Колдакт 170 (сто се́мьдесят) рубле́й, леденцы́ 92
　　　　　　(девяно́сто два) рубля́.

Турист: Вот, пожáлуйста.

Аптéкарь: Вáша сдáча. Колдакт принимáйте по однóй кáпсуле два рáза в сýтки пóсле едьí.

Турист: Спасибо.

Аптéкарь: Выздорáвливайте!

観光客：すみませんが、風邪薬ありますか？

薬剤師：「テラフリュ」粉薬、「コルダクト」カプセル、「ランコフ」錠剤……
他には鼻風邪用の点鼻薬とのど飴があります。

観光客：「コルダクト」とのど飴を下さい。

薬剤師：「コルダクト」は170ルーブル、のど飴は92ルーブルです。

観光客：はい、どうぞ。

薬剤師：おつりです。コルダクトは1日2回食後に1カプセル飲んでください。

観光客：ありがとうございます。

薬剤師：お大事に！

　旅先へは使い慣れている薬を持って行くのが一番ですが、忘れた場合には勇気を出して薬局へ行ってみましょう。会話例のように風邪のひきはじめかな、と思ったら風邪薬を、あるいは症状に応じた薬を買うのがいいかもしれません。症状はот＋生格形で表現します。以下、想定される症状をあげておきます。

от температýры	熱の
от кáшля	咳の
от головнóй бóли	頭痛の
от нáсморка	鼻風邪の
от бóли в животé	腹痛の

🔊 48

　薬は形状によって、порошóк 粉薬、кáпсулы カプセル、таблéтки 錠剤、кáпли 液剤がありますが、一般的にはлекáрство を使います。例えば、лекáрство от кáшля「咳の薬」というように。旅先では何があるかわかりませんから、現地での薬が不安なら、日本から持って行くのを忘れずに。

Проверка документов

Полицейский: **Здра́вствуйте. Лейтена́нт Ива́нов. Прошу́ предъяви́ть докуме́нты.**

Тури́стка: **Вот мой па́спорт. Я гражда́нка Япо́нии.**

Полицейский: **Так. Ви́за, миграцио́нная ка́рта... У вас есть регистра́ция?**

Тури́стка: **Да, вот спра́вка из оте́ля.**

Полицейский: **Спаси́бо. Всё в поря́дке. Извини́те за беспоко́йство.**

警官：　こんにちは、イワノフ中尉です。身分証を提示してください。
観光客：はい、パスポートです。日本国民です。
警官：　ええ、ビザ、移民カードもありますね。登録証明書はありますか？
観光客：はい、滞在ホテルの証明書です。
警官：　ありがとうございます。大丈夫です。お邪魔しました。

　旅先ではいろいろなことが起こるものです。楽しいこともあれば、そうでないこともあります。このケースは、楽しくない会話例の一つでしょうか。ロシア（特にモスクワなど）では、この会話例のように、外国人がパスポートなどの提示を求められることがあります。外国人はパスポートの携帯が義務づけられているので、もし提示できない場合は法律違反になります。Прошу́は「お願いします」、предъяви́тьは「提示する、見せる」、докуме́нтыは身分証明書を意味しますが、この場合はパスポートを指します。警官だからと怯えず、堂々とパスポートを見せましょう。ロシア人は親日家が多いので、この観光客のように、Я гражда́нка Япо́нии. と言うのもいいですね（男性はгражданин）。警官とのやりとりも旅の思い出の一つとして、記憶に残るものになるかもしれません。

格変化表

　ロシア語学習者にとって格変化形を覚えるのは必要不可欠です。ここで覚えた格変化形がロシア語への旅の道連れとなりますように。

　Счастли́вого пути́!　「幸せな旅を！」

1. 名詞

①男性名詞

単数					
	主	авто́бус	пассажи́р	трамва́й	рубль
	生	авто́буса	пассажи́ра	трамва́я	рубля́
	与	авто́бусу	пассажи́ру	трамва́ю	рублю́
	対	авто́бус	пассажи́ра	трамва́й	рубль
	造	авто́бусом	пассажи́ром	трамва́ем	рублём
	前	авто́бусе	пассажи́ре	трамва́е	рубле́
複数	主	авто́бусы	пассажи́ры	трамва́и	рубли́
	生	авто́бусов	пассажи́ров	трамва́ев	рубле́й
	与	авто́бусам	пассажи́рам	трамва́ям	рубля́м
	対	авто́бусы	пассажи́ров	трамва́и	рубли́
	造	авто́бусами	пассажи́рами	трамва́ями	рубля́ми
	前	авто́бусах	пассажи́рах	трамва́ях	рубля́х
意味		バス（不活動体）	乗客（活動体）	トラム	ルーブル

　＊男性名詞は対格で不活動体（物）と活動体（人、動物）に分かれます。

②女性名詞

単数		кáрта	жéнщина	пéсня	дверь
	主	кáрта	жéнщина	пéсня	дверь
	生	кáрты	жéнщины	пéсни	двéри
	与	кáрте	жéнщине	пéсне	двéри
	対	кáрту	жéнщину	пéсню	дверь
	造	кáртой	жéнщиной	пéсней	двéрью
	前	кáрте	жéнщине	пéсне	двéри
複数	主	кáрты	жéнщины	пéсни	двéри
	生	карт	жéнщин	пéсен	дверéй
	与	кáртам	жéнщинам	пéсням	дверя́м
	対	кáрты	жéнщин	пéсни	двéри
	造	кáртами	жéнщинами	пéснями	дверя́ми
	前	кáртах	жéнщинах	пéснях	дверя́х
意味		地図 （不活動体）	女性 （活動体）	歌	ドア

* 女性名詞は複数形の場合、対格で不活動体と活動体に分かれます。単数ではその区別はありません。
* пéсняの複数生格形はпéсенと特殊。規則通りでは -я が -ь となります。

③中性名詞

単数		мéсто	пóле	врéмя
	主	мéсто	пóле	врéмя
	生	мéста	пóля	врéмени
	与	мéсту	пóлю	врéмени
	対	мéсто	пóле	врéмя
	造	мéстом	пóлем	врéменем
	前	мéсте	пóле	врéмени
複数	主	местá	поля́	временá
	生	мест	полéй	времён
	与	местáм	поля́м	временáм
	対	местá	поля́	временá
	造	местáми	поля́ми	временáми
	前	местáх	поля́х	временáх
意味		場所	草原	時間、時代（複数）

＊単数と複数のアクセントの位置が変わっていることに注意しましょう。ただし、-oと -eで終わる中性名詞すべてのアクセントの位置が変わるわけではありません。

2. 形容詞

　形容詞は語尾のタイプ別に分けました。男性形と中性形は主格と対格を除き同じ形なので、男性形と中性形を隣におきました。

　男性形と複数形の対格は、不活動体／活動体という形で表記してあります。

①男性形語尾が-ыйのタイプ　古い

	男性形	中性形	女性形	複数形
主	ста́рый	ста́рое	ста́рая	ста́рые
生		ста́рого	ста́рой	ста́рых
与		ста́рому	ста́рой	ста́рым
対	ста́рый/ста́рого	ста́рое	ста́рую	ста́рые/ста́рых
造		ста́рым	ста́рой	ста́рыми
前		ста́ром	ста́рой	ста́рых

②アクセントが語尾にあるタイプ（男性主格の語尾が-о́й）　別な

	男性形	中性形	女性形	複数形
主	друго́й	друго́е	друга́я	други́е
生		друго́го	друго́й	други́х
与		друго́му	друго́й	други́м
対	друго́й/друго́го	друго́е	другу́ю	други́е/други́х
造		други́м	друго́й	други́ми
前		друго́м	друго́й	други́х

＊正書法がかかわります。г, ж, к, х, ч, ш, щの後には-ыの代わりに-иを、-юの代わりに-уを、-яの代わりに-аを用います。

③男性形語尾が-кийのタイプ　日本の

	男性形	中性形	女性形	複数形
主	япóнский	япóнское	япóнская	япóнские
生		япóнского	япóнской	япóнских
与		япóнскому	япóнской	япóнским
対	япóнский/япóнского	япóнское	япóнскую	япóнские/япóнских
造		япóнским	япóнской	япóнскими
前		япóнском	япóнской	япóнских

④男性形語尾が-нийのタイプ　夏の

	男性形	中性形	女性形	複数形
主	лéтний	лéтнее	лéтняя	лéтние
生		лéтнего	лéтней	лéтних
与		лéтнему	лéтней	лéтним
対	лéтний/лéтнего	лéтнее	лéтнюю	лéтние/лéтних
造		лéтним	лéтней	лéтними
前		лéтнем	лéтней	лéтних

⑤男性形語尾が-шийのタイプ　よい

	男性形	中性形	女性形	複数形
主	хорóший	хорóшее	хорóшая	хорóшие
生		хорóшего	хорóшей	хорóших
与		хорóшему	хорóшей	хорóшим
対	хорóший/хорóшего	хорóшее	хорóшую	хорóшие/хорóших
造		хорóшим	хорóшей	хорóшими
前		хорóшем	хорóшей	хорóших

⑥男性形語尾が **-шо́й** のタイプ　大きい

	男性形	中性形	女性形	複数形
主	большо́й	большо́е	больша́я	больши́е
生		большо́го	большо́й	больши́х
与		большо́му	большо́й	больши́м
対	большо́й/большо́го	большо́е	большу́ю	больши́е/больши́х
造		больши́м	большо́й	больши́ми
前		большо́м	большо́й	больши́х

3. 所有代名詞

　所有代名詞、指示代名詞ともに主格と対格以外は男性形と中性形は同じ形なので隣においています。

мой　私の　　（твой　あなたの）

	男性形	中性形	女性形	複数形
主	мой	моё	моя́	мои́
生		моего́	мое́й	мои́х
与		моему́	мое́й	мои́м
対	мой/моего́	моё	мою́	мои́/мои́х
造		мои́м	мое́й	мои́ми
前		моём	мое́й	мои́х

наш　私たちの　　（ваш　あなた〔がた〕の）

	男性形	中性形	女性形	複数形
主	наш	на́ше	на́ша	на́ши
生		на́шего	на́шей	на́ших
与		на́шему	на́шей	на́шим
対	наш/на́шего	на́ше	на́шу	на́ши/на́ших
造		на́шим	на́шей	на́шими
前		на́шем	на́шей	на́ших

4. 指示代名詞　**э́тот**　この　**тот**　その

	男性形	中性形	女性形	複数形	тотの複数形
主	э́тот	э́то	э́та	э́ти	те
生	э́того		э́той	э́тих	тех
与	э́тому		э́той	э́тим	тем
対	э́тот／э́того	э́то	э́ту	э́ти／э́тих	те／тех
造	э́тим		э́той	э́тими	те́ми
前	э́том		э́той	э́тих	тех

＊тотの単数形の変化はэ́тотなどからэ-を取った形。ただし、тоの男性・中性、造格形はтем。

5. 人称代名詞

主	я	ты	он／оно́	она́	мы	вы	они́
生	меня́	тебя́	(н)его́	(н)её	нас	вас	(н)их
与	мне	тебе́	(н)ему́	(н)ей	нам	вам	(н)им
対	меня́	тебя́	(н)его́	(н)её	нас	вас	(н)их
造	мной	тобо́й	(н)им	(н)ей	на́ми	ва́ми	(н)и́ми
前	мне	тебе́	нём	ней	нас	вас	них

＊н-がついた形は前置詞の直後の形。у него, к ней, с ним など。

6. **что** 何　**кто** 誰

主	что	кто
生	чего́	кого́
与	чему́	кому́
対	что	кого́
造	чем	кем
前	чём	ком

移動の動詞の変化表

基本的な移動の動詞の変化表です。現在形では1行目が я と мы の形、2行目が ты と вы の形、3行目が он と они の形です。過去形の列は上から順に男性形、女性形、中性形、複数形です。命令形は ты に対する形と вы に対する形をあげてあります。

定向動詞

不定形	現在形		過去形	命令形
идти́	иду́	идём	шёл	иди́
	идёшь	идёте	шла	иди́те
	идёт	иду́т	шло	
行く（徒歩で）			шли	
éхать	éду	éдем	éхал	(по)езжа́й
	éдешь	éдете	éхала	(по)езжа́йте
行く	éдет	éдут	éхало	
（乗り物で）			éхали	
лете́ть	лечу́	лети́м	лете́л	лети́
	лети́шь	лети́те	лете́ла	лети́те
	лети́т	летя́т	лете́ло	
飛ぶ			лете́ли	
бежа́ть	бегу́	бежи́м	бежа́л	беги́
	бежи́шь	бежите	бежа́ла	беги́те
	бежи́т	бегу́т	бежа́ло	
走る			бежа́ли	

不定形	現在形		過去形	命令形
плыть	плыву́	плывём	плыл	плыви́
	плывёшь	плывёте	плыла́	плыви́те
	плывёт	плыву́т	плы́ло	
泳ぐ、航行する			плы́ли	
нести́	несу́	несём	нёс	неси́
	несёшь	несёте	несла́	неси́те
持って行く	несёт	несу́т	несло́	
（徒歩で）			несли́	
вести́	веду́	ведём	вёл	веди́
	ведёшь	ведёте	вела́	веди́те
	ведёт	веду́т	вело́	
連れて行く			вели́	
везти́	везу́	везём	вёз	вези́
	везёшь	везёте	везла́	вези́те
持って行く	везёт	везу́т	везло́	
（乗り物で）			везли́	

不定向動詞

不定形	現在形		過去形	命令形
ходи́ть	хожу́	хо́дим	ходи́л	ходи́
	хо́дишь	хо́дите	ходи́ла	ходи́те
	хо́дит	хо́дят	ходи́ло	
行く（徒歩で）			ходи́ли	

不定形	現在形		過去形	命令形
éздить	éзжу	éздим	éздил	éзди
	éздишь	éздите	éздила	éздите
行く	éздит	éздят	éздило	
（乗り物で）			éздили	
летáть	летáю	летáем	летáл	летáй
	летáешь	летáете	летáла	летáйте
	летáет	летáют	летáло	
飛ぶ			летáли	
бéгать	бéгаю	бéгаем	бéгал	бéгай
	бéгаешь	бéгаете	бéгала	бéгайте
	бéгает	бéгают	бéгало	
走る			бéгали	
плáвать	плáваю	плáваем	плáвал	плáвай
	плáваешь	плáваете	плáвала	плáвайте
	плáвает	плáвают	плáвало	
泳ぐ、航行する			плáвали	
носи́ть	ношу́	нóсим	носи́л	носи́
	нóсишь	нóсите	носи́ла	носи́те
持って行く	нóсит	нóсят	носи́ло	
（徒歩で）			носи́ли	
води́ть	вожу́	вóдим	води́л	води́
	вóдишь	вóдите	води́ла	води́те
	вóдит	вóдят	води́ло	
連れて行く			води́ли	

123

不定形	現在形		過去形	命令形
возить	вожу́	во́зим	вози́л	вози́
	во́зишь	во́зите	вози́ла	вози́те
持って行く	во́зит	во́зят	вози́ло	
（乗り物で）			вози́ли	

接頭辞のついた主な移動の動詞

　移動の動詞にかぎらず、ロシア語の動詞の中には接頭辞のついた動詞がたくさんあります。接頭辞のついた動詞は、接頭辞以外の部分を変化させます。例えば、выходи́тьは「出る、降りる」、заходи́тьは「寄る」という動詞ですが、いずれも本体はходи́ть「歩いて行く」です。それにвы-, за- という接頭辞がついています。したがってвыходи́тьは、заходи́тьとともにходи́тьの部分を хожу́, хо́дишь...と変化させ、それに接頭辞 вы- やза- をつけてвыхожу́, выхо́дишь...,　захожу́, захо́дишь...となります。

		歩 く		乗 る	
接頭辞の意味	идти́ 定向	ходи́ть 不定向	е́хать 定向	е́здить 不定向
по-　出発	пойти́	--- 注)	пое́хать	--- 注)
при-　来る	прийти́	приходи́ть	прие́хать	приезжа́ть
у-　去る	уйти́	уходи́ть	уе́хать	уезжа́ть
в（во）-　入る	войти́	входи́ть	въе́хать	въезжа́ть
вы-　出る	вы́йти	выходи́ть	вы́ехать	выезжа́ть
за- 寄る、隠れる	зайти́	заходи́ть	зае́хать	заезжа́ть
до-　達する	дойти́	доходи́ть	дое́хать	доезжа́ть

		完了体	不完了体	完了体	不完了体
об-	回る	обойти́	обходи́ть	объе́хать	объезжа́ть
про-	通る	пройти́	проходи́ть	прое́хать	проезжа́ть
пере-	渡る	перейти́	переходи́ть	перее́хать	переезжа́ть

注）по-接頭辞 によって派生する動詞は完了体になります。不定向動詞から派生したпоходи́ть, пое́здитьはかぎられた時間で方向が決まっていない移動を表します。

＊идти́, ходи́ть, е́хать, е́здить は不完了体ですが、接頭辞がつくと定向動詞идти́, е́хатьから派生する動詞は完了体、不定向動詞ходи́ть, е́здитьから派生する動詞は不完了体です。

数詞一覧表

	個数詞	順序数詞
0	ноль（нуль）	нулево́й
1	оди́н	пе́рвый
	одна́	
	одно́	
	одни́	
2	два	второ́й
	две	
3	три	тре́тий
4	четы́ре	четвёртый
5	пять	пя́тый
6	шесть	шесто́й
7	семь	седьмо́й
8	во́семь	восьмо́й
9	де́вять	девя́тый
10	де́сять	деся́тый
11	оди́ннадцать	оди́ннадцатый
12	двена́дцать	двена́дцатый
13	трина́дцать	трина́дцатый
14	четы́рнадцать	четы́рнадцатый
15	пятна́дцать	пятна́дцатый
16	шестна́дцать	шестна́дцатый
17	семна́дцать	семна́дцатый
18	восемна́дцать	восемна́дцатый
19	девятна́дцать	девятна́дцатый

	個数詞	順序数詞
20	два́дцать	двадца́тый
30	три́дцать	тридца́тый
40	со́рок	сороково́й
50	пятьдеся́т	пятидеся́тый
60	шестьдеся́т	шестидеся́тый
70	се́мьдесят	семидеся́тый
80	во́семьдесят	восьмидеся́тый
90	девяно́сто	девяно́стый
100	сто	со́тый
200	две́сти	двухсо́тый
300	три́ста	трёхсо́тый
400	четы́реста	четырёхсо́тый
500	пятьсо́т	пятисо́тый
600	шестьсо́т	шестисо́тый
700	семьсо́т	семисо́тый
800	восемьсо́т	восьмисо́тый
900	девятьсо́т	девятисо́тый
1,000	ты́сяча	ты́сячный
2,000	две ты́сячи	двухты́сячный
5,000	пять ты́сяч	пятиты́сячный
1万	де́сять ты́сяч	десятиты́сячный
10万	сто ты́сяч	стоты́сячный
100万	миллио́н	миллио́нный
1億	сто миллио́нов	стомиллио́нный
10億	миллиа́рд	миллиа́рдный
1兆	триллио́н	триллио́нный

	合成個数詞	合成順序数詞（男性形容詞語尾）
21	два́дцать оди́н	два́дцать пе́рвый
32	три́дцать два	три́дцать второ́й
43	со́рок три	со́рок тре́тий
150	сто пятьдеся́т	сто пятидеся́тый
1945	ты́сяча девятьсо́т со́рок пять	ты́сяча девятьсо́т со́рок пя́тый
2020	две ты́сячи два́дцать	две ты́сячи двадца́тый

発音で注意する点

　アクセントの無い母音の発音に注意。アクセント前のя、еは特に注意しましょう。

　-дцатьは、ツァチと発音。

　шестна́дцатьの-стн-では、тを発音しない。

　пятьдеся́тとшестьдеся́тでは、-тьд-は、тが有声化し、ッヂィと発音。

手書き数字に注意

　お店やカフェなどでは値段が手書きの数字で表示されている場合があります。私たちが見慣れない形のものもありますので、一部を紹介します。左から１４５７９で、１と７は間違えないように７に横棒が入ります。手書き数字は、発音して相手に確認するといいでしょう。

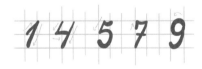

本書に出てきた単語集

男 男性名詞、女 女性名詞、中 中性名詞、複 複数形、不完 不完了体、
完 完了体、前 前置詞

А а

а		一方、それで
а́вгуст	男	8月
авто́бус	男	バス
авто́бусный		バスの
автома́т	男	自動販売機
автомоби́ль	男	自動車
автомоби́льный		自動車の
администра́тор	男	管理者、フロント
англи́йский		英語の、英国の
аппети́т	男	食欲
апре́ль	男	4月
апте́ка	女	薬局
апте́карь	男	薬剤師
Арба́т	男	アルバート通り
арти́ст	男	アーティスト
аэропо́рт	男	空港

Б б

ба́бушка	女	祖母、おばあさん
бага́ж	男	荷物
бале́т	男	バレエ
ба́нк	男	銀行
ба́шня	女	タワー
бе́гать	不完	走る

бежа́ть	不完	走る
без		～なしで 前＋生格
бе́лый		白い
бе́рег	男	岸、岸辺
бере́менная		妊娠している
Берли́н	男	ベルリン
беспоко́йство	中	心配、懸念、不安
библиоте́ка	女	図書館
биле́т	男	チケット
ближа́йший		最寄りの
блю́до	中	料理、皿
бо́лее		もっと、より多く
боле́ть	不完	病気になる、応援する（第1変化）
боле́ть	不完	痛む（第2変化）
бо́ль	女	痛み
больни́ца	女	病院
бо́льше		より大きい、より多く、これ以上
большо́й		大きい
борщ	男	ボルシチ
брат	男	兄弟
брать	不完	取る、借りる、買う
буди́льник	男	目覚まし時計
буди́ть	不完	起こす

129

буква	女 文字
бутерброд	男 オープンサンドイッチ
бы	（［助詞］仮定、希望など
	の表現で使われる）
быстро	速い、速く
быть	不完 いる、ある、である
бюро	中 事務局、局、課

В в

в	～の中に、～で 前＋前置格
в	～の中へ、～に 前＋対格
вагон	男 車両
валюта	女 外貨
ввести	完 入力する
великолепный	豪華な
велосипед	男 自転車
вернисаж	男 ヴェルニサーシ
вернуться	完 戻る、帰る
вертолёт	男 ヘリコプター
верхний	上の、上段の
вести	不完 連れていく、案内
	する
весь	すべての
вечер	男 夕方、夜
вечеринка	女 パーティー、飲み会
вечером	夕方に
вещи	複 荷物
взять	完 取る、買う、借りる
виза	女 ビザ
вкусно	おいしい、おいしく
вкусный	おいしい

Владивосток	男 ウラジオストク市
вовремя	適時に、時間どおりに
водитель	男 運転手
водить	不完 連れていく、導く、
	運転する
водка	女 ウォッカ
войти	完 （歩いて）入る
вокзал	男 ターミナル駅
вон	あそこに、向こうへ
ворота	複 門
вот	ほら
впервые	初めて
врач	男 医者
время	中 時間
все	複 すべての、みんな
всё	中 すべてのもの
всегда	いつも、常に
вспоминать	不完 思い出す
вставать	不完 起きる
вставить	完 入れる
встать	完 起きる
встретиться	完 会う
вход	男 入口
входить	不完 （歩いて）入る
вчера	昨日
вы	あなた、あなたたち
вызвать	完 呼ぶ
выздоравливать	不完 回復する、
	健康になる
выйти	完 （歩いて）出る
высокий	高い（高さがある）

вы́ход	男 出口
выходи́ть	不完 （歩いて）出る、降りる
выходно́й	男 休日

Г г

газ	男 ガス
газе́та	女 新聞
где	どこに、どこで
Герма́ния	女 ドイツ
говори́ть	不完 話す
год	男 年
голова́	女 頭
головно́й	頭の
го́рло	中 喉
го́род	男 街
гости́ница	女 ホテル
гото́вить	不完 準備する、料理する
гото́вый	準備のできた
гра́дус	男 度、度数
граждани́н	男 市民
гражда́нка	女 市民
грибы́	複 キノコ
грузи́нский	ジョージアの
группово́й	グループの
гуля́ть	不完 散歩する、遊ぶ

Д д

да	はい
дава́й (дава́йте)	～しよう
дава́ть	不完 与える

далеко́	遠い、遠くに
дари́ть	不完 贈る
дать	完 与える
дверь	女 ドア
дворе́ц	男 宮殿
дворцо́вый	宮殿の
де́вушка	女 若い娘
дежу́рный	当直の（人）、係の（人）
дека́брь	男 12月
де́лать	不完 ～をする
день	男 日、昼
де́ньги	複 お金
держа́ться	不完 つかまる
де́ти	複 子供たち
дешёвый	安価な、安い
деше́вле	より安い、より安く
дёшево	安価だ、安く
джи́нсы	複 ジーンズ
диспе́тчер	男 駅員
дневни́к	男 日記
дневно́й	昼の、日の
до	～まで 前＋生格
до свида́ния	さようなら
добро́	中 善
до́брый	善良な、よい
дово́лен	満足だ
дово́льный	満足な、満足している
договори́ться	完 話がまとまる、決まる
дое́хать	完 （乗り物で）～まで行く

дождь	男 雨		する（бытьの現在形）
дойти́	完 〜まで（歩いて）行く	есть	不完 食べる
докуме́нт	男 書類、身分証	е́хать	不完 （乗り物で）行く
до́лго	長い間	ещё	まだ、さらに
до́лжси	〜しなければならない		
до́ллар	男 ドル		
дом	男 家	**Ж ж**	
домо́й	家へ	жаль	残念だ
до́рого	高価だ、高価な	ждать	不完 待つ
дорого́й	高価な、貴重な	жела́ть	不完 願う
доро́же	より高価だ、より高価な	жёлтый	黄色の
доста́ть	完 取り出す、手に入れる	же́нщина	女 女性
		живо́т	男 お腹
Достое́вский	男 ドストエフスキー	жить	不完 住む
достопримеча́тельность		журна́л	男 雑誌
	女 見どころ、名所		
друг	男 友人	**З з**	
друго́й	別な、他の	за	〜を求めて、〜の後ろに
друзья́	複 友人たち		前＋造格
		за	〜の期間で 前＋対格
Е е			（あることを達成するのに
е́вро	中 ユーロ		要する期間）
его́	彼の、それの	забыва́ть	不完 忘れる
еда́	女 料理、食べ物	забы́ть	完 忘れる
еди́ный	統一の、共通チケット	за́втра	明日
е́здить	不完 （乗り物で）行き来する	за́втрак	男 朝食
		зака́з	男 注文、予約
е́сли	もし、〜の場合に	заказа́ть	完 予約する、注文する
е́сли бы	もし〜ならば（仮定の表現）	закрыва́ть	不完 〜を閉じる
		закрыва́ться	不完 〜が閉じる
есть	不完 ある、いる、存在	зал	男 講堂、ホール
		занима́ться	不完 取り組む、勉強する

за́нят	忙しい、ふさがっている
за́нятый	忙しい、ふさがっている
звать	不完 呼ぶ
зда́ние	中 建物
здесь	ここに、ここで
здра́вствуйте	こんにちは
знать	不完 知っている
зна́чит	だとすると、つまり
зуб	男 歯
зубно́й	歯の

И и

и	〜と、〜も
идти́	不完 (歩いて)行く、進む、似合う
иена	女 円
из	〜から 前+生格
изве́стный	有名な
извини́те	すみません、ごめんなさい
извини́ть	完 許す
и́ли	あるいは、それとも
и́мя	中 名、ファーストネーム
инвали́д	男 身体障碍者
индивидуа́льный	個人の
иногда́	時々
иностра́нный	外国の
интере́сно	おもしろい、興味深い
интерье́р	男 インテリア、内装
Ирку́тск	男 イルクーツク市
иску́сство	中 芸術
исто́рия	女 歴史

июль	男 7月
июнь	男 6月

К к

к	〜に、〜へ 前+与格
ка́ждый	各、おのおの、毎
Каза́нь	女 カザン市
как	〜のように
как	どのように、なんて
кака́о	中 ココア
како́й	どのような、何の
ка́пля	女 点滴薬、しずく
ка́псула	女 カプセル
капу́ста	女 キャベツ
ка́рта	女 クレジットカード、カード
карти́на	女 絵画
ка́сса	女 チケット窓口、会計
касси́р	男 会計係、レジ係、窓口係
кафе́	中 カフェ
ка́шель	男 咳
квита́нция	女 領収書
киломе́тр	男 キロメートル
класси́ческий	クラシックな
кли́мат	男 気候
ключ	男 鍵
ковёр	男 カーペット
когда́	いつ
когда́	〜の時に、〜の場合に
ко́мната	女 部屋

коне́чно	もちろん	лимо́н	男 レモン
контро́ль	男 管理、コントロール	лифт	男 エレベーター
конце́рт	男 コンサート	лу́чше	よりよい
кото́рый	どれの、何番目の	любе́зный	親切な、ていねいな
кото́рый	(関係代名詞) ‥のとこ	люби́ть	不完 ～を好む、～が好き
	ろの	лю́ди	複 人々
кошелёк	男 財布	люкс	男 豪華、デラックス
краси́во	きれいだ、きれいに、美		
	しく	**М м**	
краси́вый	きれいな、美しい	мавзоле́й	男 廟
кра́сный	赤い	магази́н	男 店
креди́тный	クレジットの	май	男 5月
Кремль	男 クレムリン	ма́ленький	小さい
крова́ть	女 ベッド	ма́ло	少ない、少なく
кру́г	男 輪、円	март	男 3月
кто	男 誰	маршру́т	男 ルート、路線
куда́	どこへ	матрёшка	女 マトリョーシカ
купе́	中 コンパートメント	маши́на	女 自動車
купи́ть	完 買う	машини́ст	男 運転手
ку́хня	女 キッチン、料理	ме́жду	～の間に 前+造格
		ме́лочь	女 細々としたこと、小銭
Л л		ме́нее	より少なく
ле́вый	左の	ме́ньше	より少ない、より少なく
леденцы́	複 飴	ме́сто	中 席、場所
лейтена́нт	男 中尉	ме́сяц	男 月
лека́рство	中 薬	металлодете́ктор	男 金属探知機
Ленингра́дский	レニングラードの	метро́	中 メトロ、地下鉄
лет	年 (годの複数生格形)	метрополите́н	男 メトロポリテン
лета́ть	不完 飛ぶ		(地下鉄運営会社)
лете́ть	不完 飛ぶ	миграцио́нный	移民に関する
ле́тний	夏の	ми́мо	～の脇を 前+生格

мину́та	女 分	наконе́ц-то	とうとう
мину́точка	女 少し	нале́во	左へ
мир	男 世界、平和	написа́ть	完 書く
мно́го	多い、たくさん	напра́во	右へ
мо́жет быть	もしかしたら、多分	напро́тив	～の向かい側に
мо́жно	～できる、～してよい		前＋生格
мой	私の	на́сморк	男 鼻風邪
молоде́ц	男 えらい（相手をほめる 表現）	находи́ться	不完 ～にある、位置する
		нахо́дка	女 発見
мо́ре	中 海	не	～でない
моро́женое	中 アイスクリーム	не́ за что	どういたしまして
Москва́	女 モスクワ市	не то́лько～, но и…	
моско́вский	モスクワの		～だけでなく…も
мост	男 橋	небольшо́й	大きくない
мотоци́кл	男 バイク	недалеко́	遠くない、近い
мужчи́на	男 男性	нельзя́	～してはいけない、～で
музе́й	男 博物館		きない
му́зыка	女 音楽	нести́	不完 持って行く
мы	私たち	нет	いいえ
мя́гкий	やわらかい	нет	ない、いない、存在しない
мя́со	中 肉	ни…ни…	…も…も（ない）
		ни́жний	下の、下段の
Н н		ничего́	何も、大丈夫
на	～の上に、～で、～に	но	しかし、でも
	前＋前置格	но́мер	男 （ホテルの）部屋、番号
на	～へ、～に対する	носи́ть	不完 持って行く、身につ
	前＋対格		ける
набра́ть	完 集める、（番号を）押す	ночно́й	夜の、夜行の
наве́рное	多分、おそらく	но́чь	女 夜、夜中
на́до	～しなければならない	ноя́брь	男 11月
называ́ться	不完 ～と呼ばれる	нра́виться	不完 気に入る

ну	さあ、まあ	от	〜から 前+生格
ну́жен	必要である	оте́ль	男 ホテル
ну́жно	〜する必要がある	оте́ц	男 父親
		открыва́ть	不完 (〜を) 開く
		открыва́ться	不完 (〜が) 開く

О о

о	〜について 前+前置格	отку́да	どこから
обе́дать	不完 昼食を食べる	отправле́ние	中 出発
обзо́рный	概略的な、展望のよい	отправля́ться	不完 出発する
обме́н	男 両替、交換	отсю́да	ここから
обменя́ть	完 両替する、交換する	отту́да	そこから
обра́тно	戻る方向へ、復路	отходи́ть	不完 離れる
о́бщий	共通の、一般的な	официа́нт	男 ウエイター
объявле́ние	中 アナウンス、広告	о́чень	とても、非常に
обы́чно	いつもは、たいてい	очки́	複 めがね
обяза́тельно	必ず、ぜひ		
огро́мный	広大な、巨大な	**П п**	
о́зеро	中 湖	па́мятник	男 記念碑
ой	あら、まあ	па́па	男 お父さん
окно́	中 窓	па́спорт	男 パスポート、旅券
октя́брь	男 10月	па́спортный	パスポートの
он	彼、それ	пассажи́р	男 乗客
она́	彼女、それ	пассажи́рка	女 乗客
они́	彼ら、それら	пассажи́рский	乗客の、旅客の
оно́	それ	пе́ред	〜の前に 前+造格
опла́та	女 支払い	перекрёсток	男 交差点
остава́ться	不完 残る	переса́дка	女 乗り換え
оста́вить	完 置き忘れる、残す	пересчита́ть	完 数えなおす
останови́ться	完 とどまる、宿泊する、	перехо́д	男 徒歩移動、横断歩道
	止まる	переходи́ть	不完 横切る、渡る、切り
остано́вка	女 停留所		替える
осторо́жно	気をつけて	перча́тки	複 手袋

пе́сня	囡 歌	по́езд	男 列車
пешехо́дный	歩道の	пое́здка	囡 1回の乗車、旅行
пешко́м	歩いて	пое́хать	完 (乗り物で)行く、出発する
пин-ко́д	男 暗証番号		
пиро́жное	中 ケーキ	пожа́ловать	完 訪れる
пирожо́к	男 ピロシキ	пожа́луйста	どうぞ、どういたしまして、お願いします
писа́тель	男 作家		
писа́ть	不完 書く	пожилой	年配の
письмо́	中 手紙	позвони́ть	完 電話をする
пить	不完 飲む	по́здно	(時間的に)遅い
пла́вать	不完 泳ぐ、航行する	познако́миться	完 出会う、知る
плато́к	男 ショール	пойти́	完 (歩いて)出発する
платфо́рма	囡 プラットホーム	показа́ть	完 見せる、案内する
пла́тье	中 ワンピース、ドレス	покупа́ть	不完 買う
плацка́рта	囡 プラツカルタ(仕切りのない寝台車)	поку́пка	囡 買い物、購入
		по́ле	中 草原
плацка́ртный	プラツカルタの	полице́йский	男 警官
пло́хо	悪い、へたに	по́лка	囡 (列車の)寝台、棚
плохо́й	悪い	полови́на	囡 半分
пло́щадь	囡 広場	положи́ть	完 置く
плы́ть	不完 泳ぐ、航行する	получа́ть	不完 受け取る
по	~を(移動が行われる場所)、~に関して 前 +与格	получи́ть	完 受け取る
		поменя́ть	完 替える
		помо́чь	完 手伝う、助ける
поверну́ть	完 曲がる	по́мощь	囡 助け、援助
пого́да	囡 天気	понеде́льник	男 月曜日
подари́ть	完 贈る	понра́виться	完 気に入る
подно́с	男 トレイ	поня́тно	わかった、わかりやすい
подожда́ть	完 待つ	попа́сть	完 ~にあたる、行きあたる
подозри́тельный	疑わしい、不審な		
подру́га	囡 女性の友人	пополне́ние	中 チャージ

137

попо́лнить	完 チャージする、満たす	приго́то́вить	完 準備する、料理をつくる
попро́бовать	完 試す		
пора́	～する時間（時期）だ	приезжа́ть	不完 （乗り物で）来る、到着する
порекомендова́ть	完 すすめる		
порошо́к	男 粉、粉薬	прие́хать	完 （乗り物で）来る、到着する
по-ру́сски	ロシア語で		
по́ручень	男 手すり	прие́м	男 受付
поря́док	男 秩序	прийти́	完 （歩いて）来る
посла́ть	完 送る	приложи́ть	完 かざす、添える
по́сле	～の後に 前＋生格	принести́	完 持ってくる
послу́шать	完 聞く、聴く	принима́ть	不完 受け取る、対応する、服用する
посмотре́ть	完 見る		
посо́льство	中 大使館	пристегну́ться	完 ベルトをしめる
поста́вить	完 セットする、立てる	приходи́ть	不完 （歩いて）来る
посу́да	女 食器	прия́тно	気持ちよく、気持ちよい
посы́лка	女 小包	прия́тный	気持ちのよい
потеря́ть	完 なくす、失う	про́бовать	不完 試す
пото́м	それから	прове́рка	女 検査、調査
по́чта	女 郵便局	проводни́к	男 車掌
пра́вда	女 本当、真実	прово́з	男 運ぶこと、運送
пра́вильный	正しい	програ́мма	女 日程、プログラム
пра́здник	男 祝日	продаве́ц	男 店員
предме́т	男 物	прода́жа	女 販売
предъяви́ть	完 提示する	продолжи́тельность	女 長さ（時間）
пре́жде	まず 前＋生格	проездно́й	通行の、定期券
прекра́сный	すばらしい、すてきな	прое́хать	完 （乗り物で）通る、通過する
при	～の際に 前＋前置格		
прибыва́ть	不完 到着する	пройти́	完 （歩いて）通る、通過する
прибы́тие	中 到着		
приве́т	男 やあ、こんにちは、あいさつ	проси́ть	不完 頼む、依頼する
		проспе́кт	男 大通り

просту́да	女 風邪	Росси́я	女 ロシア
проходи́ть	不完 （歩いて）通る、通過する	рубль	男 ルーブル
		рука́	女 手
прочита́ть	完 読む	ру́сский	ロシアの、ロシア語の、ロシア人
пря́мо	まっすぐ		
пти́ца	女 鳥	ры́нок	男 市場
пу́нкт	男 地点	ря́дом	～の隣に
путеводи́тель	男 ガイドブック		
путеше́ствие	中 旅行		

С с

путеше́ствовать	不完 旅行する	с	～とともに 前+造格
путь	男 道、線	с	～から 前+生格
		сад	男 庭

Р р

рабо́тать	不完 働く、運行する	сади́ться	不完 座る、乗る
рабо́та	女 職場、仕事	самова́р	男 サモワール、湯沸かし器
ра́д	うれしい		
раз	男 回	самолёт	男 飛行機
разбуди́ть	完 起こす	са́мый	最も
разменя́ть	完 両替する、（お金を）くずす	Санкт-Петербу́рг	男 サンクト・ペテルブルグ市
ра́зный	さまざまな、いろいろな	светло́	明るい
ра́мка	女 枠	светофо́р	男 信号機
ра́но	（時期的に）早い	свида́ние	中 会うこと、デート
расписа́ние	中 時刻表	свобо́ден	空いている、ひまだ
Рахма́нинов	男 ラフマニノフ	свобо́дный	自由な
регистра́ция	女 登録（証）	свой	自分の
регуля́рно	定期的に	сда́ча	女 おつり
река́	女 川	сде́лать	完 （何かを）する
рестора́н	男 レストラン	себе́	自分に
реши́ть	完 決める	себя́	自分を
роди́тели	複 両親	сего́дня	今日
		сейча́с	今

семья́	女 家族	ста́рый	古い
сентя́брь	男 9月	стена́	女 壁
сесть	完 座る、乗る	стихи́	複 詩
сиде́ть	不完 座っている	сто́имость	女 料金、価格
сидя́чий	座るための、座席のある	сто́ить	不完 値がする
си́ний	青い	стол	男 テーブル
сказа́ть	完 話す、言う	сто́лик	男 テーブル
ско́лько	どのぐらい、いくつ	сторона́	女 側、方向、観点
скоростно́й	特急の	стоя́ть	不完 立つ
ско́рый	至急の、急行の	страна́	女 国
сле́довать	不完 続く、次に来る	студе́нт	男 学生
сле́дующий	次の	сувени́р	男 土産品
служащий	男 事務員	су́мка	女 バッグ
слу́шать	不完 聞く	суперма́ркет	男 スーパーマーケット
смартфо́н	男 スマートフォン	су́тки	複 一昼夜
смотре́ть	不完 見る	сфотографи́ровать	完 写真を撮る
сно́ва	再び	счастли́вый	幸せな
собо́р	男 寺院	сча́стье	中 幸せ
собра́ться	完 集まる、集合する	съе́здить	完 (乗り物で)行って戻る
сожале́ние	中 残念な気持ち	сюда́	ここへ
сообщи́ть	完 伝える、知らせる	сын	男 息子
Спарта́к	男 スパルタク（サッカー クラブの名）		
		Т т	
спаси́бо	中 ありがとう	табле́тка	女 錠剤
спаси́тель	男 助ける人、救助者	так	そんなに、そうです
споко́йный	静かな、落ち着いた	тако́й	そのような
спра́ва	右に	такси́	中 タクシー
спра́вка	女 証明書	такси́ст	男 タクシー運転手
спроси́ть	完 たずねる	тало́н	男 (一般的な) 券
ста́вить	不完 セットする、立てる	там	あそこに
ста́нция	女 駅	тамо́жня	女 税関

140

теа́тр	男 劇場		уезжа́ть	不完 去る、離れる
телеви́зор	男 テレビ		уе́хать	完 去る、離れる
темати́ческий	テーマのある		уже́	もう、すでに
температу́ра	女 熱、気温、体温		у́жин	男 夕食
тепе́рь	今、これから		укра́сть	完 盗む
теплохо́дный	船の		у́лица	女 通り、(戸)外
тогда́	それでは、じゃあ		у́лочка	女 小径
то́же	～も		университе́т	男 大学
то́лько	～だけ		упакова́ть	完 荷造りをする
тот	その		уро́к	男 授業、課、宿題
традицио́нный	伝統的な		уступа́ть	不完 譲る
трамва́й	男 トラム（路面電車）		у́тро	中 朝、午前
тра́нспорт	男 交通機関		у́тром	朝に、午前に
тро́йка	女「トロイカ」、3		утю́г	男 アイロン
тролле́йбус	男 トロリーバス		учёба	女 学業、学習
туале́т	男 トイレ		ую́тно	居心地がよい
туда́	そこへ、向こうへ			
тури́ст	男 観光客		**Ф ф**	
тури́стка	女 観光客		фами́лия	女 姓
турнике́т	男 (メトロなどの)改札口		февра́ль	男 2月
тут	ここ		филармо́ния	女 フィルハーモニー
ты	あなた		фильм	男 映画
ты́сяча	女 一千		фи́рменный	おすすめの、特別な
			фон	男 背景
У у			фо́то	中 写真
у	～のところに、～のそばに 前+生格		фотогра́фия	女 写真
уважа́емый	尊敬される		футбо́л	男 サッカー
уда́ча	女 成功			
удо́бно	快適だ、便利だ		**Х х**	
удо́бный	快適な、便利な		ход	男 歩み、進行
			ходи́ть	不完 (歩いて)行く

141

холо́дный	寒い、冷たい	что	～ということ
хоро́ший	すばらしい、よい	чтобы	～するために
хорошо́	よい、上手に、わかりました	что-нибу́дь	何か（なんでもいい何か）
хоте́ть	～がほしい、～したい	чу́вствовать себя́	～な体調である
храм	男 聖堂、寺院		
ху́же	より悪い	**Ш ш**	
		шаг	男 歩み、一歩
Ц ц		шампа́нское	中 スパークリングワイン
цвет	男 色	широ́кий	広い
центр	男 中心地、中央	шко́ла	女 学校
Ч ч		**Э э**	
чай	男 紅茶	экску́рсия	女 ツアー
Чайко́вский	男 チャイコフスキー	электри́чка	女 電車
час	男 時、一時間	эта́ж	男 階
ча́сто	頻繁に	э́то	これ、それ
ча́шка	女 ティーカップ	э́тот	この
чек	男 領収書		
чем	～よりも	**Ю ю**	
чемода́н	男 スーツケース	юг	男 南
че́рез	～を通って、～の後 前 +対格		
		Я я	
че́тверть	女 四分の一	я	私
число́	中 日にち、数	язы́к	男 言語、舌
чита́ть	不完 読む	янва́рь	男 1月
что	何	Япо́ния	女 日本
		япо́нский	日本の、日本語の

著者紹介

土岐康子（とき やすこ）
　1998 年、東京外国語大学大学院地域文化研究科博士後期課程単位取
　得満期退学。通信会社勤務を経て、2020 年度まで、明治大学、法政
　大学で非常勤講師を務める。

三神エレーナ（みかみ エレーナ）
　ロシア、エカテリンブルグ市出身。2000 年、東京大学留学のため来日。
　2011 年、東京大学大学院総合文化研究科言語情報科学専攻博士課程
　単位取得満期退学。現在、慶應義塾大学、法政大学、立教大学で非常
　勤講師を務める。

羽ばたくロシア語
旅歩きで初級からステップアップ！

2021 年 3 月 10 日 印刷
2021 年 4 月 5 日 発行

著　者 ©　　土　岐　康　子
　　　　　　三　神　エ　レ　ー　ナ
発行者　　　及　川　直　志
印刷所　　　株式会社ルナテック

101-0052 東京都千代田区神田小川町 3 の 24
発行所　電話 03-3291-7811（営業部），7821（編集部）　株式会社　白水社
　　　　www.hakusuisha.co.jp
　　　　乱丁・落丁本は送料小社負担にてお取り替えいたします。

振替 00190-5-33228　　　Printed in Japan　　　誠製本株式会社

ISBN978-4-560-08897-5